LA EDUCACIÓN DE LOS HIJOS

Dudas más frecuentes

LA EDUCACIÓN
DE LOS HIJOS

Dudas más frecuentes

MARIANO GONZÁLEZ RAMÍREZ

Copyright © EDIMAT LIBROS, S. A.

ISBN: 84-9764-306-2
Depósito legal: M-48678-2002
Fecha de aparición: Febrero 2003

Colección: Guía de padres
Título: La educación de los hijos
Autor: Mariano G. Ramírez
Diseño de cubierta: El ojo del huracán
Impreso en: LÁVEL

IMPRESO EN ESPAÑA – *PRINTED IN SPAIN*

ÍNDICE

Un niño recién nacido percibe luces, formas, sonidos, olores y a través de su piel detecta las caricias y los golpes. A través de los sentidos, siente amor u odio. Un niño recién nacido no es un trozo de carne con ojos, es la semilla dispuesta a desarrollar todo un inmenso y misterioso potencial sensible, que sólo los padres podrán hacer florecer o frustrar, por el amor o el desatino de la ignorancia.

PRÓLOGO

Mi experiencia de veintidós años de padre me capacitan para escribir este libro. Las dudas que he sentido a lo largo de esta etapa de mi vida han sido innumerables, porque con frecuencia la profesión de padre no la enseñan en ninguna parte. Cada cual tiene que aprender a comportarse adecuadamente sobre la práctica, desde el nacimiento de los hijos y ya durante toda la vida. ¿Y por qué es esto? Sencillamente porque una vez que se trae una vida al mundo, contraes la responsabilidad que emana del amor. Sólo los progenitores que sienten esta emoción, son privilegiados y auténticos seres capacitados para la vida. Los demás son víctimas de la incapacidad para sorprenderse y comprender uno de los papeles más importantes del que dependerá el equilibrio de nuestro mundo.

Cada año y cada etapa de nuestros hijos está marcada por la evolución. Sus cuerpos crecen y su interior va adquiriendo nuevas capacidades que iremos detectando si poseemos sensibilidad y un necesario desarrollo empático, para poder sintonizar y comunicarnos con todo aquello que sucede en su interior.

Los hijos nos informan continuamente de sus estados de ánimo. Con sus miradas, sus gestos, el movimiento de sus cuerpos, sus llantos, sus risas, sus palabras... ¡son tantas las posibilidades que tenemos para saber cómo se encuentran y cómo son! Pero a pesar de todo se nos presentan infinidad de dudas y problemas que tenemos que resolver. El principal inconveniente es nuestra falta de capacidad para poder captar todos los mensajes que nos transmiten desde la infancia. Infinidad de veces estamos distraídos con multitud de problemas. Nuestra concentración y atención se debilitan para saber captar la forma de ser de nuestros hijos. ¿Qué hacer en los momentos que necesitan nuestra ayuda? Yo reduciría la educación a una sola palabra: *amor*. Si les amamos de verdad, desarrollaremos habilidades para poder colaborar en la construcción de sus vidas. La alegría de vivir es un síntoma evidente de nuestra acción y sus problemas se resolverán favorablemente. Porque por pura lógica emocional, desarrollaremos iniciativas y capacidades para vivir en armonía y esos son los elementos activos más importantes del equilibrio de la mente humana.

El amor nos capacita para aprender a buscar los mecanismos necesarios para desarrollar voluntad y dominio. Cuando se ama nace con el amor una profunda responsabilidad. No cabe la indiferencia, el hastío, la pereza... sólo la diligencia y un poder natural que puede con todo, con tal de ver a nuestros hijos crecer con alegría. De esta manera ya no se puede dejar de hacer, el crecimiento exige una actitud dinámica que nunca podrá desvirtuarse. El amor a nuestros hijos es voluntad continua de querer lo mejor para ellos y con esa actitud evolucionaremos en el bien y la bondad, sabiendo, desde luego, que un buen educador también es un ser imperfecto. Comprendiendo la realidad de nuestra naturaleza avanzaremos por planos realistas, donde lo principal es marcarnos objetivos de acción, porque nuestros hijos no son fantasías, sino seres que existen con conciencia, dispuestos a aprender.

Tampoco seremos buenos padres si no entendemos las exigencias necesarias que con nosotros mismos debamos llevar a cabo. El ejercicio continuo en el análisis de nuestro propio proceso nos llevará a conclusiones inequívocas de superación.

Unos buenos padres son aquellos que se anticipan a sus hijos, intuyendo sus problemas y necesidades, para orientar y reducir las tensiones que se producen en el seno de la familia. Muchas veces el exceso de interés repercute en la buena relación con los hijos y afecta a éstos de una forma negativa. Los padres somos los que controlamos sus vidas hasta que se hacen adultos y se liberan de lo que ellos consideran «nuestras ataduras». Muchos padres, que bien podríamos llamarles «dueños», atan a sus hijos a ellos mismos como si fueran esclavos, y éstos se muestran mansos hasta que son conscientes de sus capacidades y rompen, en la mayoría de los casos, de forma violenta. La consciencia de la libertad está muy ligada a la autoridad, sobre todo en la infancia, y muchos son los padres que tienen dudas sobre cómo conciliar estas dos nociones contradictorias con las que se enfrentan a lo largo de la vida diaria con sus hijos. Éstos, normalmente, no son perfectos, suelen ser egocéntricos, exigentes y en la mayoría de los casos desconsiderados a lo largo de toda su vida. Ellos nos aman si nosotros les amamos y aprenden si nosotros somos lo suficientemente diestros e ingeniosos para saberlos llevar por donde queramos, sin que reparen en nuestras verdaderas intenciones y siempre por caminos de verdad y amor auténtico.

10

El ambiente de la vida familiar, con normalidad, resulta ingrato si las tensiones y fricciones diarias son un hecho. Estas situaciones suelen ocurrir no solamente en familias donde los hijos tienen toda clase de libertad, sino también en aquellas que continuamente se educa a los niños en el amor y el respeto.

La realidad es muy dura y multitud de veces confusa. Necesitamos conocerla para poder hacer frente a cada situación con sentido práctico, sin que genere traumas que a la larga perjudicarán a los niños y a nosotros los padres. Porque, repito, debemos ser conscientes de que un hijo no es un objeto que traemos al mundo para dedicarnos a él solamente los años de la infancia y la adolescencia. Un hijo es para toda la vida y de lo que hagamos con él, así responderá y será su vida adulta. Es mucha la responsabilidad e innumerables las dudas, pero cada vez son más los descubrimientos que nos ayudan a resolver los problemas que surgen inevitablemente. Este libro tiene como finalidad el entrenamiento y la orientación de nuestros hijos cuando son pequeños, pero mirando hacia el futuro desde el gozo del presente y sobre la base de una educación a corto y largo plazo.

EL AUTOR

CAPÍTULO I

UN HIJO O UNA HIJA, ¿«ES NADA», O UN MOTIVO PARA SORPRENDERNOS DE SU EXISTENCIA?

Las dudas más frecuentes las tienen todos los padres: aquellos que carecen de capacidad de observación y análisis de las circunstancias de sus hijos y los que se empeñan día a día por conocer los más íntimos secretos del alma infantil. Todos, absolutamente todos, necesitan aprender la profesión más difícil de la vida, que es ser padres.

¿Me puedes decir cómo son tus hijos? Piensa en ellos y verás que te falta información para saber cómo es él o ella. Son niños que empiezan a florecer y su personalidad va emergiendo a medida que pasan los años: unos son tímidos y otros más abiertos; otros más dulces y los hay agresivos y demasiado violentos... todos son distintos, y todos están marcados por las circunstancias genéticas y la conducta de los padres, la escuela y la sociedad entera. Pero, ¿cómo es tu hijo o tu hija en particular? ¿Cómo puedes ayudarlos si no sabes cómo son ellos? ¿Cómo son los niños pequeños de dos, tres, cuatro, cinco, seis o siete años?

Cuando convivimos con un niño o una niña durante las veinticuatro horas del día, suele ocurrir un fenómeno que yo llamo caer en la «normalidad»: nos encontramos tan hondamente ligados a nuestro hijo que existe un desinterés enorme por saber cómo es.

—¿Sabes cómo es tu hijo, Miriam? —le pregunté a una buena amiga mía, un día que me invitó a merendar en su casa. Tenía un hijo de tres

años llamado Luisito. El niño jugaba con un enorme rompecabezas, en la alfombra, a unos pocos metros de donde nos encontrábamos tomando un café. Miriam le miró fijamente como si en un instante pudiera extraer la personalidad de su hijo para saber cómo era.

—Pues... —se quedó pensativa—. Pues... es muy travieso.

—Sí, pero... ¿Cómo es tu hijo? —repetí la pregunta para que pensara más profundamente.

—Pero... ¿a qué te refieres?

—¿Tú sabes que tu hijo evoluciona por dentro a medida que pasan los años?

—Hombre, hasta ahí llego.

—Pues a eso me refiero. ¿Tú sabes en qué estadio de su evolución se encuentra tu hijo?

—Pues si te digo la verdad, no lo sé.

—Cuando le sacas al jardín de tu casa y se reúne con otros niños de su misma edad, ¿no te has fijado en que todos se comportan de la misma forma? En esos momentos revelan su personalidad más fácilmente que cuando está solo o con niños de diferentes edades.

—En eso sí me fijo, pero nunca he pensado que todos los niños de la misma edad se comportan de igual manera. Yo sé que mi hijo en determinados momentos tiene un carácter fuerte; otras es muy simpático; a menudo se muestra cariñoso... todo esto lo controlo, pero más profundamente... te digo la verdad, lo ignoro. ¡Es que es tan pequeñajo! Pienso que todavía no tiene personalidad. No sé, es como si no le diera suficiente importancia, porque, como quien dice todavía *no es nada.*

—¿A qué te refieres?

—Que no es nada, o sea, todavía es un simple niño. Cuando sea mayor, pues habrá realizado muchas cosas. Tendrá su personalidad. Ganará en importancia en la medida que desarrolle sus capacidades y escale un nivel social adecuado. Yo no sé si estoy equivocada, pero creo que siempre ha sido así ¿no?

—Efectivamente, Miriam, siempre ha sido así y ese es el gran error de casi todos los padres y de la sociedad entera: *la falta de capacidad para poder apreciar a los niños desde que nacen.* En estas sociedades la importancia la adquieres por méritos propios y sobre todo cuando te haces adulto. Y máxime si consigues un *status* con Don y Din. ¿Me entiendes?

—Hombre, esa es la realidad, cuando se escalan puestos importantes y se gana dinerito, es cuando se adquiere poder y se crea la autoridad en las empresas y en la familias, y todos sucumben con respeto y veneración a los mojigatos, porque hay verdaderos esperpentos, adefesios... que dicen aquí estoy yo y no valen para nada.

—¡Eres crítica! ¿Eh?

—No voy a serlo, si la mayoría de las veces es deprimente —Miriam se salía por momentos del tema que tratábamos. Vi en ella un aspecto de su personalidad resentido y no le di importancia.

—Los niños para la mayoría de la gente no valen dos reales, como se decía antes. Esa es la verdad. Son una simpleza humana, a diferencia de los niños listos que demuestran sus capacidades intelectuales por encima de la media. Y ahora ni siquiera éstos son apreciados, porque en innumerables ocasiones son marginados por la mayoría mediocre. Las envidias en multitud de ocasiones les producen graves daños. Siempre ha existido una discriminación perversa incrustada en el inconsciente colectivo que se encarga de destruir la capacidad para sorprendernos y apreciar en profundidad todo lo que nos rodea y que, multitud de veces, raya la perversidad. Vivimos en un estado mental en lamentable de frivolidad terrible que la sociedad se encarga de fomentar a todos los niveles. Cuando eres adulto y has conseguido desarrollar una serie de aspectos que los demás ven como logros, hasta ese momento:

el niño, el adolescente y el adulto... carecen de importancia a los ojos de los padres y la sociedad entera. Y el trato es el menosprecio a la insignificancia. Así se crean seres frustrados, deformados mentales monstruosos... que son los que constituyen a la vez la sociedad y son un peligro para todos. El niño que tenía que haber crecido desde su propia naturaleza auténtica, evoluciona hacia formas incongruentes que hacen daño a propios y extraños. Esto pasa aquí; sin embargo, en otras culturas, los niños son sagrados desde el momento de su concepción, porque hay consciencia del valor misterioso y profundo de la existencia. Si desde ese momento el niño es valorado en su esencia, ese ser crecerá desde el interior; de lo contrario, si es valorado por todo lo que va consiguiendo y despreciado en sus fracasos, se desarrollarán en él falsas personalidades con el único objetivo enfermizo de conseguir el aprecio que inevitablemente necesita de los demás. Son los que llamamos falsos egos; estructuras o caparazones que ocultan la verdadera personalidad del ser humano. Fíjate en lo importante que es tener conciencia del significado profundo de los niños y de lo necesario que es asombrarnos de su maravillosa existencia. Y más que nada amarlos y responsabilizarnos de lo importante que son para nuestro mundo, aunque seamos tantos millones de seres humanos.

—¡Como se nota que tienes conocimiento y experiencia! —me dijo Miriam. Me sentí halagado pues pude apreciar una intuitiva y delicada sensibilidad en aquella amada amiga de toda la vida.

—Llevo muchos años analizando mis errores y mis aciertos como padre, y viendo en mis hijos el fruto y la desagradable sorpresa de mis carencias de amor y falta de aprecio. Hace mucho tiempo que profundizo en las razones de mis sufrimientos y frustraciones más profundas, y encuentro que todas están enraizadas en mi infancia y adolescencia. De aquí mi conocimiento, observación y análisis de esta sociedad, que nos martiriza a todos, desde la más tierna infancia, a ser pobres diablos mediocres. Esta es mi experiencia, pero además están los libros de los grandes especialistas en educación como: José Francisco González, A. S. Neill, Molly Mason Jones, David Isaac, Carlos Gil, Colette Hovasse, Alberto Alberti, Gabriele Giannantoni, Víctor García Hoz... que nos hablan de los errores humanos y las secuelas que éstos dejan en la tierna infancia.

—En los últimos tiempos, todo está cambiando bastante, ¿no?

—No. Todavía no existe conciencia de la realidad sana. Estamos sometidos a un concepto de *normalidad materialista* que sigue hiriendo al niño y produciendo en él desarreglos de difícil solución.

—Yo creo que eres un pelín exagerado, ¿no? —me sorprendió aquella reacción.

—¿Por qué?

—No sé, tus análisis pueden ser subjetivos, ¿no?

—Bueno, si tú lo crees así... Pero tengo argumentos para demostrar que tengo razón. ¿Es una exageración el hablar de la poca capacidad que tenemos los padres para apreciar a los hijos? O... ¿tú consideras que es suficiente tu capacidad de amar, apreciar y percibir a tu hijo?

—Hombre, podría saber más de él; le quiero mucho, pero podría quererle más todavía; le conozco un poco, pero podría conocerle más... ¡qué sé yo!

—Podrías, podrías, pero sabes muy poco, y además tú misma dices que todavía *no es nada*. Esta opinión es un síntoma alarmante porque *todo está medido por una incalificable mentalidad materialista aberrante*.

—¡Oye, oye...! —saltó Miriam como un resorte. Quería ponerla a prueba para conocer mejor su carácter, y obtuve la reacción que esperaba.

—No te ofendas, Miriam, pero la realidad de nuestra forma de ser hay que verla de cerca para poder cambiar nuestros conceptos estereotipados de las cosas. Nuestros hijos necesitan de nosotros, de nuestras capacidades, para no privarles de su alegría de vivir, que es en definitiva por lo que merece la pena vivir y luchar en esta vida. Fíjate en lo importante que es nuestra responsabilidad, en gran medida, para que su vida sea de una forma o de otra (un drama o una alegre y equilibrada existencia). Hay mucha diferencia entre un niño feliz y otro que no lo es (un desgraciado) y nosotros los padres tenemos que ser conscientes de ello.

—Yo no me ofendo. Tengo muchas dudas y sé que necesito aprender bastante, porque Luisito es lo mejor que me ha pasado en la vida —Miriam era humilde y se hirió levemente en su amor propio, pero supo reaccionar adoptando una actitud abierta, como si su intuición de madre y de mujer le pidiera aprender a comprender más profundamente y a sorprenderse por no saber lo suficiente.

CAPÍTULO II

¿CÓMO SON EN GENERAL NUESTROS HIJOS? CONOCER SUS EMOCIONES

—¿Qué tengo que hacer para conocer más profundamente a mi hijo Luisito?

—Veamos. Para poder educar a tu hijo tienes que saber en qué *nivel o estadio de evolución* se encuentra. ¿Cómo se sabe esto? Pues poniendo atención a todo lo que hace. No es fácil, pero conviene que tengamos esa actitud abierta, sobre todo, cuando se junta con niños de su misma edad. Sin lugar a dudas todos tienen características propias y son diferentes, pero hay una serie de comportamientos que ellos adoptan en función de cada estadio de evolución. Así como un niño de tres años todavía no ha llegado a la maduración de su sexualidad, un niño a las puertas de su adolescencia empieza a desarrollar esta capacidad latente. Bueno, te he puesto un ejemplo muy

23

exagerado y distante en la edad, para que te des cuenta que entre un niño de un año y otro de dos años hay también grandes diferencias en su evolución. ¿Cómo lo descubrimos? Pues... es muy difícil, no cabe duda. Desde luego, juzgar sus sentimientos para saber intrínsecamente cómo son es imposible, porque tendríamos que meternos en su propia piel para ser él o ella y así observar y sentir sus reacciones desde dentro; esto es imposible. Sin embargo *podemos empatizar*.

—Sé lo que es *empatizar,* pero quiero saber en qué consiste más profundamente.

—Desde que aprendí el significado de esta palabra, la adopté como algo fundamental en mi vida. Fui consciente, y a muy temprana edad, de la dificultad que entraña poder comprender los sentimientos de mis semejantes. Muchas veces, con mis padres y hermanos, me daba cuenta que no les conocía. Después, con mi mujer e hijos, observé también la ceguera tan grande que padecíamos. Ciertamente es muy complicado entender con objetividad lo que sucede en el interior de los seres humanos, porque cada uno de nosotros somos islas a las que accedemos a través de los sentidos y *la conciencia de uno mismo. Es ahí donde se construye la empatía.*

—No entiendo bien lo que quieres decir.

—Bien, esto es un efecto de tu falta de consciencia hacia lo que yo entiendo más o menos en profundidad. Sin embargo, yo te entiendo a ti en estos momentos perfectamente. ¿Por qué? Pues muy sencillo, yo estuve en el mismo estado de ignorancia en el que tú te encuentras ahora. Así puedo comprenderte, entendiendo aquellos momentos por los que yo pasé. Entonces, cuanto más abiertos estemos a nuestras propias emociones y experiencias, mayor será nuestra destreza para comprender los sentimientos de los demás. Te pongo un ejemplo: si tú nunca has padecido un cáncer, ciertamente intentarás comprender a los enfermos que padecen esa enfermedad, pero no llegarás al nivel de comprensión de aquellos que la padecieron o la padecen. Ellos sí pueden empatizar entre sí a través de las emociones. Sintonizan, esta es la palabra, a través de sus emociones. Entonces esto quiere decir que toda relación fluye de la empatía, y ésta es la capacidad para comunicarse emocionalmente con los demás de una forma profunda. ¿Cómo podemos entonces empatizar con nuestros hijos? Pues recordando en lo posible cómo fuimos de niños. Tomando conciencia de nuestra niñez. Esto, en muchos casos, es difícil o imposible, porque el niño está enterrado o aprisionado en sus estructuras mentales de adulto, olvidando el núcleo central de su personalidad. Así como un árbol gigantesco conserva en su interior innumerables anillos de las etapas de su crecimiento y ha llegado a ser lo que es, a través de un proceso lento, el ser humano también es el resultado de un proceso evolutivo ligado entre sí por el tiempo y las circunstancias.

—Dime de una forma práctica cómo puedo acceder a mi hijo y conocer sus emociones.

—Como te he dicho anteriormente debes tomar conciencia de tu niñez. Recordar con cierta exactitud tu infancia y vivir esos momentos en profundidad. Este es un buen ejercicio para empezar a sintonizar con tu hijo. Te aconsejo que dediques un tiempo a este menester. Quince minutos diarios son suficientes. Recuerda tus alegrías y tristezas en las diferentes circunstancias. Toma conciencia profunda de tus recuerdos infantiles y observa todo aquello que percibiste en aquel momento. No cabe duda que todo esto te acercará más a tu hijo, para captar mejor lo esencial de su infancia.

—¿Y esto dará resultado para conocer a mi hijo? No estoy yo segura de ello. Ten en cuenta que él es una persona diferente a mí: yo fui niña y él es niño.

—Se trata de que tomes conciencia de la niñez. Poco importa tu sexo, o que tu personalidad sea diferente. Te repito que se trata de recordar esa etapa de la vida en la que fuiste niña. Eso que yo llamo núcleo sano, porque después, a lo largo de la vida, se forma él Yo, idea que no es la verdadera realidad, sino la valoración que hace la sociedad de cada uno de nosotros.

—Pero yo no me acuerdo de nada a la edad de tres años.

—Inténtalo, ya verás cómo recuerdas algo. De todas formas no importa, lo interesante es que sientas profundamente ese núcleo sano y libre de tu niñez. Tus alegrías y profundas ganas de vivir. La visión de larga vida que tenías por delante.

—Bueno, no sé si dará resultado, pero me convences, porque cuando nos hacemos adultos, perdemos la perspectiva de nuestra niñez y ciertamente, también, dejamos de comprender a nuestros hijos. Sus travesuras nos parecen cosas extrañas y, sin embargo, todos hemos pasado por ahí —Miriam parecía ya más convencida y se ponía en sintonía conmigo.

—Además, pon atención a los mensajes no verbales de tu hijo (el tono de voz, los gestos, la expresión facial...). Porque la clave para acceder a sus emociones está en el desarrollo de la capacidad de observación para captar estos mensajes. ¿Has pensado alguna vez que su rostro expresa, y no necesita hablar para decirnos, si se encuentra abatido o en un estado de euforia? La gama de emociones que van desde el odio hasta el amor, los celos, el perdón, la gratitud, la alegría... todos se reflejan desde el interior en su rostro.

—Hombre, todo eso lo capto por propio instinto natural y maternal. Yo sé leer como tú dices el rostro de mi hijo y detectar lo que le pasa anímicamente.

—No lo dudo. No olvido todas tus capacidades e instintos de madre y siento gran admiración por ti y por todas las mujeres que sienten sus aptitudes naturales, como impulsos que dan sentido a su existencia.

—Bueno... Entiendo que ahora me toca aprender. Tú eres un experto en educación y necesito aprender, enriquecerme mucho más. Además, como dijiste antes, es verdad que el día a día nos sumerge en una especie de ceguera. Eso que llamas tú *la normalidad rutinaria*.

—Y es verdad, las madres y los padres os encontráis tan hondamente ligados a vuestro hijo, que existe un desinterés enorme por saber cómo es.

—¡Es cierto! Estamos como dormidos. Cuando me di cuenta de este aspecto, se me abrió un interés especial por aprender.

—Voy a proponerte aprender a interpretar los mensajes no verbales.

—Bien.

—Los mensajes no verbales son aquellos que expresamos sin necesidad de hablar. Se dice que la cara es el espejo del alma ¿no?, y es verdad, porque en ella se refleja todo nuestro mundo interior. Pero no sólo en la cara, todo nuestro cuerpo manifiesta lo que somos. Te propongo un ejercicio, y es bajar totalmente el volumen del televisor en una película u otro programa donde diversas personas hablen y expresen estados de ánimo diversos. Las expresiones faciales comunican y nos dan pistas para entender el lenguaje emocional. También el cuerpo expresa; el objetivo de este ejercicio consiste en detectar las diferentes manifestaciones sensibles recurriendo al modo no verbal.

—¿Y eso me va a servir para conocer a mi hijo?

—Es un ejercicio de adiestramiento, como si estuvieras alfabetizándote emocionalmente para entender la expresión de las emociones. Pero algo más importante sería que grabaras a tu hijo en vídeo, en diversos lugares: en el colegio, en el jardín de tu casa, en su habitación... Grábale sin que se dé cuenta y después haz lo mismo: obsérvale. Quita el volumen y concéntrate en todas sus expresiones. Descífralas porque en cada instante una gama de sentimientos cruzan por su mente infantil. Todo esto te facilitará la tarea para conocer más íntimamente a tu hijo. La observación natural y directa es, desde luego, la que más llega a tu mente y al corazón, porque es la auténtica realidad. Las otras formás son modos de entrenamiento para conocer mas pausadamente el mundo que fluctúa dentro de ellos. Cuando mis hijos eran pequeños, y sin saberlo, les grababa mientras estaban viendo un programa de televisión. Sus rostros iban cambiando a medida que el programa les producía distintas emociones. Era digno ver cómo modificaban sus caritas inocentes. La alegría, la tristeza, la compasión, la pena... todo su mundo transparente e inocente fluía y fluctuaba en función de los estímulos que emitían los programas infantiles. ¡Qué enorme responsabilidad tienen las televisiones en la creación de sus programas, y sin embargo qué poca fantasía, amor y aprecio desarrollan la mayoría de ellas...! Pero eso es otra historia tan importante, que de ella depende que los cerebros de los niños crezcan sanos. Para mí la televisión, desde hace tiempo, es motivo de preocupación.

—Y para mí también. Un medio tan potente e importante para la educación se convierte en

enemigo de nuestros hijos. Aquí en mi casa tenemos una televisión, pero Luisito prefiere jugar con otras cosas. Le tengo acostumbrado a ver aquellos programas en los que puede aprender y otros de esparcimiento, que le estimulan y ayudan a tener una visión amplia del mundo y de las cosas. Yo creo que ve televisión lo suficiente. Ni más ni menos.

—Desde niños los padres debemos enseñarles a ver televisión. Sería fundamental que en los colegios hubiera una asignatura de educación audiovisual, para crear criterios en los niños y que sepan con qué finalidad se hacen los programas. ¿Qué hay detrás de ese mundo inmenso de la pequeña pantalla? ¿Qué intereses se cuecen? ¿Por qué se hacen tantas películas de violencia y de psicópatas? ¿Por qué existen los programas rosa? ¿Qué son los niveles de audiencia y, debido al interés general, por qué subsisten los programas horteras? ¡Yo qué sé...! Creo que es necesario que los niños sepan cómo el ser humano manipula y transforma nuestras vidas con el único objetivo de ganar dinero. ¡Esto es muy serio!

—Tienes razón, pero a ver qué ministro de educación toma conciencia de este problema que influye de una forma decisiva en la vida de nuestros hijos...

—Tiene gracia que pocas personas se den cuenta de estos aspectos y sigamos soportando el alto porcentaje de basura americana que nos emiten, alterando las características de nuestro pueblo. ¡Es muy serio, pero, como en todo, el comercio tiene el poder y todos estamos atrapados por su terrible influencia! ¡Hay que comer y *vivir domésticamente feliz* y no importa que se destruya el mundo destruyendo la naturaleza entera! ¿Es que el ser humano ha perdido su imaginación creativa? Bueno dejemos este asunto tan espinoso, y volvamos al tema en el que nos encontrábamos. Yo soy de la opinión que cuanto más entendimiento emocional haya entre los padres y sus hijos, mayor equilibrio, alegría y felicidad habrá en los hogares. Entender esto es comprender el fundamento de la armonía de la vida familiar ya desde los inicios de la familia. Porque la capacidad para tranquilizar a un niño la tiene el padre o la madre y no a la inversa, y esto se consigue a través del amor y del entendimiento de sus emociones.

—¿Por qué los niños entre dos y tres años se muestran muchas veces tercos y cabezotas?

—El niño de esa edad es capaz de variadas y complejas emociones. Puede sentir angustia, celos, curiosidad, alegría... Los niños, como los demás seres humanos adultos, manifiestan muchas veces sentimientos negativos. Atraviesan períodos difíciles y se transforman de niños agradables en seres cargantes para toda la familia. Esta fase constituye un período de prueba para todos e incluso para el propio niño que la experimenta. Me acuerdo de mi hija a la edad de dos años que se negaba a ir a la guardería. Le encantaba, pero de la noche a la mañana se volvió cabezota. Incluso muchas veces en la calle se paraba en algún sitio y no quería moverse de allí. Otras veces mi hijo mostraba signos evidentes de cólera infantil al no aceptar determinadas situaciones que para nosotros sus padres eran lógicas y normales. Muchas veces he analizado que, en multitud de ocasiones, somos los padres culpables de estos períodos de inestabilidad. Un padre o una madre problema dejará desde el nacimiento de su hijo huellas de su propio negativismo, que se irá manifestando en el niño en forma de crisis y repulsa. Si los padres fuésemos conscientes de nuestros problemas y de los momentos críticos que pueden causar daños a nuestros hijos, en muchas ocasiones tendríamos la ventaja de saber el porqué de su desasosiego.

—Tienes razón. Y la prueba es que cuando murió Arturo, yo intenté esconder mis sentimientos para que Luisito no se diera cuenta, pero éste estuvo durante un tiempo inapetente, nervioso y colérico. Además notó profundamente el vacío que dejó su padre —Arturo fue el marido de Mirian y padre de Luisito. Murió en un accidente de circulación cuando el niño sólo tenía año y medio

—En estos casos el niño se siente afectado aunque no sepa nada de lo sucedido. La intuición infantil es muy grande y el vacío que deja un padre, el niño lo acusa con el tiempo aunque le contemos historias fantásticas de lo sucedido tratando evitar que el niño sufra. No alcanza a comprender lo que sucede en realidad, pero percibe las emociones de angustia y tristeza; incluso cuando se finje estar contenta, la sabiduría intuitiva del niño detecta la mentira. Un niño tiene el poder misterioso de ver tras la máscara del adulto.

—Para mí, desde luego, es muy complicado ser madre y más en las circunstancias de soledad en que me encuentro. Muchas veces no sé cómo actuar y...

—Miriam, lo más importante es el bienestar que el niño siente al hallarse contigo; que estás a su lado, le amas y le reconfortas. Lo cierto es que no es necesaria una preparación psicológica, sino más bien una actitud de amor y simpatía continua hacia tu hijo, con una buena dosis de sentido del humor. Esto que no se nos olvide, para que disminuya esa nefasta tendencia al dramatismo emocional al que por desgracia la mayoría de los seres humanos estamos abocados y que perjudica tanto al desarrollo armónico de los seres humanos. Y sobre todo saber que los niños son frágiles criaturas que pasan malas épocas, porque su vida está en un proceso continuo de crecimiento y maduración. Cuando se nace ya nunca termina este proceso. A veces recuerdo cuando mis hijos eran pequeños, que, por el hecho de ser así, pensaba que ellos pertenecían a otro mundo distinto al mío; que eran savia nueva y, como consecuencia, podían aguantar todo y no sentirse afectados por nada. ¡Así pensaba en muchas ocasiones! ¡Qué pena! Y sin embargo, con normalidad, estaba convencido de todo lo contrario, de la sensibilidad de los niños, y lo importante que era tratarlos con enorme respeto. Lo tenía claro, pero siempre y por ignorancia, dudaba de la impresionante realidad del alma infantil. Con el tiempo me di cuenta de que mis errores de apreciación eran falta de conexión consciente con la realidad emocional de mis hijos.

—No te entiendo bien, Alberto. ¿Qué me quieres decir con esto?

—Vamos a ver cómo te lo explico para que lo entiendas. Normalmente nos relacionamos los unos con los otros de una forma inconsciente. No reparamos que cada palabra o acción están provocadas por diversos impulsos que los motivan y éstos son siempre emocionales. Pero no sólo eso, nuestros pensamientos también están cargados de emociones de un tipo u otro (negativas o positivas) y se manifiestan en nuestro rostro y en nuestros gestos. Si no somos conscientes, no ponemos atención y como consecuencia no percibimos y no sabemos captar las emociones. Ya ves la importancia que tiene. Cuando yo te digo que tenía una falta de conexión consciente con mis hijos, te quiero decir con ello que era un analfabeto emocional (como un ciego) y por consiguiente no podía percibir toda la sinfonía de emociones que mis hijos emitían continuamente. Esta desconexión era un gran impedimento para poder valorar la realidad del enorme potencial y dinamismo emocional que un niño es capaz de desarrollar. Por este motivo mis pensamientos elucubraban cómo podían ser mis hijos. Ciertamente, Miriam, mis hijos eran grandes desconocidos para mí, por no saber leer instante tras instante su propio mundo emocional. Hoy día observando los vídeos que grabé cuando eran niños, hace ya veinte años, me doy cuenta del enorme abismo que existe entre la mínima percepción que tenía en aquella época y la capacidad que tengo ahora.

—Qué satisfacción, ¿no?

—No sabes tú bien la alegría que se experimenta cuando eres capaz de poner atención y sabes leer el rostro infantil emitiendo desde su interior todo su mundo fantástico e importante. ¡Es extraordinario...!, y además, la única forma de comprender que los padres somos instrumentos fundamentales para la educación desde nuestro propio control.

—Es cierto, pero es muy difícil, porque todos vivimos una complejidad mental enorme que nos impide captar información de la realidad. Yo ciertamente estoy convencida, pero...

—No te digo que sea fácil, Miriam. Ciertamente no es fácil, de lo que se trata es de aprender a conducirnos con nuestros hijos. Pero no solamente con ellos, sino con todas las demás personas. Que no seamos ciegos ante un mundo que se muestra continuamente tan revelador. Ahora en estos instantes, por ejemplo, mientras estoy contigo, estoy captando toda una gama de emociones que nacen y se desvanecen. ¿Te pasa a ti lo mismo?

—Yo me encuentro muy a gusto contigo.

—En cierta medida debe ser así porque sintonizamos emocionalmente.

—Yo me encuentro magníficamente contigo. No sé qué me pasa, pero el tiempo se me va volando.

—Esto es debido... a que durante el tiempo que llevamos juntos hablando... no sé... han nacido multitud de emociones dulces, que he ido asimilando —la actitud de Miriam me desconcertó un poco y dudaba de mis palabras. Y por fin enderecé mi fluidez verbal.

—Tu transparencia me ayuda mucho a comprender tus diversos estados de ánimo.

—Yo también leo en tus ojos, en tu rostro y en tus palabras —Miriam mientras hablaba me miraba fijamente como una enamorada. Sus labios sensuales... sus palabras sonaron en mis oidos a música romántica y celestial. Sonreía y me dio la sensación de acercarse a mí para besarme, pero... ¡no! ciertamente todo fue fruto de mi imaginación. ¡Ya me hubiera gustado a mí!, porque ciertamente sentía por ella algo especial. Me alteré un poco por dentro e incluso un ligero rubor cambió la normal palidez de mi rostro.

—¿Bromeas, cariño? —le dije riendo tímidamente.

—¡Alberto! —me dijo Miriam un poco sorprendida.

—¡Ah, perdona...! —reaccioné rapidamente, destruyendo aquel hechizo o más bien, espejismo mental que surgió por unos instantes. Ciertamente fue un lapsus—. Sí, como te iba diciendo.... No cabe duda que no he reparado en multitud de matices íntimos que sólo tú conoces, pero *grosso modo*, sintonizo con tus emociones expresadas: con el rostro, en tus pensamientos y palabras. Así estoy viviendo esta comunicación, más consciente e íntima y con una consistencia distinta que si fuera un ciego atento sólo a los intereses de mi ego —noté que Miriam me observaba más atenta y concentrada. Esta forma de actuar me producía una cierta inquietud. No quería darle a conocer lo que sentía por ella y proseguí—: Tenemos que hacer un esfuerzo para superarnos en esa difícil tarea de *amar*. No es fácil, te lo puedo asegurar y tú lo sabes... para el ser humano nada hay imposible, y menos si somos conscientes de poder desarrollar ese enorme potencial de equilibrio que hay dentro de nosotros. No me hartaré nunca de aconsejar a los padres que tomen conciencia rápidamente de lo que significa un hijo y de las diferentes etapas que éstos vivirán a lo largo de su vida. Los padres somos los que debemos aprender a motivarlos para que aprendan a disfrutar de su verdadera libertad.

CAPÍTULO III

INTRODUCCIÓN PARA EDUCAR A TRAVÉS DE LOS CONDICIONAMIENTOS

—Perdóname un momento, Alberto, son las seis y tengo que darle la merienda a Luisito —Miriam se levantó del sofá y se fue hacia la cocina; tardó diez minutos en llegar; mientras, jugué con el niño. Le ayudé a colocar algunas piezas en las que hallaba cierta dificultad.

—Luisito, a merendar —dijo Miriam con la voz de mando de madre. El gesto de Luisito me hizo presentir que no le había causado mucha alegría aquella decisión.

—Mamá, ahora no puedo. ¿No ves que estoy jugando? —Luisito expresaba con sus manos y todo su cuerpo que su madre en aquellos momentos era un incordio. En sus palabras había un cierto nerviosismo, quizá por la tensión y la ilusión que ponía en el juego. Era sencillo para otro niño en diferente estadio de evolución, pero para él aquel rompecabezas suponía cierta dificultad.

—Pero hijo, merienda y luego sigues jugando —le dijo Miriam con mucha dulzura, colocando el plato en una mesita pequeña que tenía el niño, especialmente para comer.

—¡No! —dijo Luisito rotundamente.

No había lugar a dudas que nos encontrábamos con una reacción directa y normal de la vida de un niño de tres años. Miriam me miraba interrogándome en silencio. Me pedía ayuda para hacerlo lo mejor posible, y a la vez quería demostrar su sabiduría de madre.

¿Como resolvería satisfactoriamente aquella situación? Aquel signo, ¿era negativismo, o una simple reacción de protesta?

A estas edades, multitud de padres, con normalidad, pierden el control y salta la chispa de la ira. Lo normal es que le chillemos encolerizados y le demos una zurra para que haga caso. Cuando un niño por cualquier circunstancia de lo más trivial provoca la protesta llevándonos la contraria, no cabe duda que lo normal es que nos precipite al descontrol, y le imponemos nuestra autoridad sin reparar en el daño que le podamos causar. Un padre o una madre descontrolada es para el niño un síntoma de debilidad e inmadurez, a los que perderá el respeto continuamente. No cabe duda que es difícil, pero también es una prueba de fuego a nuestra fortaleza y madurez interior. Estas batallas se deben ganar en paz, para conseguir la armonía del futuro ser humano adulto; por eso se precisa mucha paciencia, amor e imaginación.

Miriam observaba a su hijo pensando qué debía hacer. Sabía que en esos momentos era un testarudo. Se sentó en el sofá y le observó.

—¿Tienes hambre, Luisito? —preguntó Miriam.

—¡No!

—Pues si no tienes hambre me llevo la merienda —el niño pensó por unos instantes lo que iba a hacer.

—No te la lleves mamá, espera un poquitín.

—Eso es que te apetece merendar, ¿no?

—Pues claro, tontita.

—Bueno, colocas dos piezas más del rompecabezas y a merendar, ¿vale?

—Vale —nada más terminar de encajar las dos piezas en el rompecabezas, Luisito cumplió su palabra y se puso a merendar.

—Ha sido aleccionador. ¿Así le tratas siempre?

—Procuro portarme lo mejor posible con él, pero hay momentos muy complicados.

—¿Tú sabes que has utilizado un condicionamiento para convencer a Luisito?

—¿Un... que?

—Condicionamiento.

—Pues no tengo ni idea.

—Se dice que toda la educación es un condicionamiento. Provocamos una situación como estímulo para obtener una reacción. Primeramente te aseguras de que tu hijo tiene hambre; para ello, le produces un estímulo que le haga pensar y le condicionas para saber ciertamente si le apetece merendar. Si realmente tiene hambre no consentirá que te lleves la merienda. Y al final, lo más bonito es que no eres tajante con él, le das la oportunidad de seguir concentrado en su juego; de esta forma sale de una actividad para adentrarse en otra sin violentarse. Primeramente con su imaginación y después poniéndose en contacto con la realidad que es su merienda. ¡Qué bonito! Y de todos estos movimientos internos casi nadie tiene idea. Por eso no me hartaré de repetir que el cielo en los hogares se consigue con amor, imaginación y paciencia.

—¿Y qué padre puede tener todos los días tanta paciencia e imaginación? ¿Suponte que tuviera varios de la misma edad de Luisito? Sería muy difícil aguantar el tipo para que los niños no se alterasen.

—Desde luego se trata de aguantar el tipo y de poseer conocimientos. No se trata de que los nenes no se enfaden. Esto sería ridículo, porque

ellos terminarán enfadándose al más mínimo inconveniente. Se trata, pues, de entender un principio fundamental de no violencia psicológica
que repercutirá a la larga en un goce y aumento
de la calidad de vida y nivel humano de la familia. Por esto merece la pena nuestro esfuerzo.
Todo este tema que estamos tratando forma parte
de lo que va a ser tu fortaleza interior, para poder
comprender que el mundo de los seres humanos
se comunica a través de las emociones y que con
ellas nos ponemos en contacto, de una forma u
otra, para convivir: violenta y destructivamente
o amable y constructivamente. Entendiendo esto
estaremos en camino de saber cómo se construye
el cielo o el infierno en la familia. ¿No es importante la paz y el sosiego de un hogar, por el
entrenamiento continuo en las emociones y los
valores de la vida?

—Hombre, sí, pero cuesta mucho.

—Cuesta convencerse, indagar para aprender
y sobre todo ponerse en acción, que es la parte
fundamental para entender este proceso. Porque
es en la vida práctica donde llegamos a conven-
cernos del sentido que tiene la convivencia pa-
cífica.

—Sí, pero hay que ser muy maduros para ven-
cer el día a día sin ningún sobresalto. Es muy
fácil hablar, pero cuando un hijo es un testarudo

y quiere hacer lo que le da la gana, a ver quién es el valiente que le sabe torear.

—La madurez es relativa, es más la necesidad humana. Hay personas que se dan cuenta de lo necesario que es educar en un cierto orden emocional, porque son sensibles e intuitivas y saben del caos que genera el desorden emocional. Y se ponen a trabajar con férrea voluntad y fe, sabiendo que las consecuencias de su trabajo van a ser positivas. Sin embargo hay otro tipo de personas que se dejan llevar por sus impulsos, son perezosas, gritan, pegan... y no saben valorar las consecuencias nefastas que sus comportamientos van a generar en sus hijos y en la familia entera. Este tipo de personas tienen que aprender mucho y pasar por profundas crisis y sufrimientos hasta tomar conciencia de la realidad. Cuando entendemos que somos en potencia emoción, y que habitualmente nos empleamos más para destruir que para edificar la vida en equilibrio y que esa destrucción significa mucho sufrimiento, cambiamos de actitud y nos hacemos hombres y mujeres de acción.

—Tienes razón, Miriam, lo más normal es que un niño nos provoque, y si no tenemos la consistencia, la fuerza, el conocimiento, la intuición que da el amor, nos partiremos en mil pedazos como una granada y lanzaremos metralla destructiva a la causa que nos hizo estallar por dentro. Ya no reparamos en que es nuestro hijo, sino un incordio molesto que nos saca de quicio y al que agredimos y criticamos agresivamente alterándole también.

—¡Buf! Llegando a este punto tiene que ser horroroso.

—Pues es así, muchos hogares son verdadera locura, donde no existe el respeto por nadie. Los niños insultan a sus padres y ellos a la vez, sin voluntad, se dejan llevar por sus impulsos. Son familias descontroladas. Verdaderos infiernos de sufrimiento.

—Muchas veces hay que ver las orejas al lobo para comprender y ponerse en acción.

—Ya te lo he dicho, y las mujeres, salvo excepciones, soléis ser muy sensibles para captar los mensajes y entender esas realidades, superando en mucho a los hombres. Dais importancia al detalle emotivo y eso es primordial.

—Toda esta conversación a Arturo le encantaría —Mirian se emocionó por momentos recordando a su marido. Sus ojos brillaron de una forma especial y aceptó resignada sus circunstancias—. Bueno, la vida es así y nadie puede remediar lo ocurrido —sacó un pañuelo y enjugó sus lagrimas. Me conmovía. Y sentí amor por ella.

—¿Te puedo ayudar en algo, Miriam?

—No, no... estos son momentos de debilidad. Es que... lo de Arturo fue algo inesperado. Y la verdad, me encuentro muy sola. Pero... no te preocupes... no es nada —Miriam se recuperaba y volvía de nuevo a conectar el hilo de la conversación. Entendí su soledad porque yo estaba en las mismas circunstancias.

—Las mujeres tenéis una especial sensibilidad. Vuelvo a repetírtelo.

—Pero... incluso así, es muy difícil conocer a los hijos para educarlos correctamente.

—Es muy difícil juzgar sus sentimientos y muy sencillo formarse una idea, y crear una teoría en relación con la forma de actuar del niño.

—Pero así no se responde a una objetividad, ¿no?

—Bueno, pero esta teoría se puede comprobar en otros niños de su misma edad, observando sus comportamientos. También porque es relativamente fácil observar cómo actúa si inculcamos ideas en el niño y nos quedamos a la espera de sus reacciones.

—Esto es muy delicado. Es como si manipulásemos al niño, ¿no?

—Es cierto, todo esto lo debemos hacer con muchísimo cuidado, pues la mente del niño es muy sugestionable. Antes de seguir, quiero repetirte, Miriam, que mis enseñanzas no son la panacea ni lo perfecto para conocer a tu hijo, porque entiendo que no es fácil; pero sí te digo que es una forma de empezar a despertar a otra dimensión tu mentalidad: la dimensión de la realidad. Es bueno que consideres estas enseñanzas, como una introducción a tu propia indagación para desarrollar la capacidad de percibir a tu hijo de una forma objetiva. No está bien que permanezcamos dormidos ante un auténtico milagro de la vida, porque después pasa el tiempo y muere el niño a medida que evoluciona hacia la edad adulta, y es auténtica nostalgia y rabia la que se siente por no haber vivido intensamente esos momentos. Por lo menos yo lo he sentido así. Cuando veo fotografías y vídeos de la infancia de mis hijos, aprecio detalles que pasaron inadvertidos en aquel presente de su infancia maravillosa.

—Tienes razón y te lo agradezco. Para mí es como un despertar, porque entiendo lo necesario que es adquirir nuevos conocimientos.

—Por supuesto.

—Oye, Alberto, ¿es normal que Luisito sea tan hiperactivo?

—Bueno, la verdad es que cada niño es un mundo, pero a la edad de dos y tres años los niños muestran una total actividad de sus cuerpos. Unos más y otros menos, pero casi todos son un torbellino. Las actividades motoras son muy importantes: trepan, corren de un lado para el otro, les gusta arrastrar objetos, suben y bajan de las sillas, de las mesas... qué quieres que te diga, si lo estás viendo en tu propio hijo. Es normal. Sin embargo, Luisito ahora está muy tranquilo —me llamó la atención su sosiego. Había terminado de merendar y de nuevo jugaba totalmente ensimismado en aquel rompecabezas que era su juego favorito.

—Es raro en él —dijo Miriam. Luisito colocaba de nuevo las piezas de su enorme juego de construcción. Lo tenía extendido por el suelo, y cuando encontraba mucha dificultad para colocar alguna pieza, venía a preguntarnos

hablando con su juguete, como si tuviera vida propia.

—A esta edad también les divierten otras actividades. En la playa se lo pasan como enanos haciendo hoyos en la arena, casitas con los cubos... también les encanta mirar libros, entretenerse con juegos de montaje... pero lo cierto es que necesitan actividades más enérgicas y manipular objetos sin orden ni concierto. Su atrevimiento puede llegar incluso a meter un cuchillo o un destornillador en el enchufe; o embadurnarse de espaguetis y tomate la cara y la cabeza, poniéndose perdido y dejando todo su alrededor hecho un asco. Resulta divertido para ellos, pero muchas veces es peligroso. Ellos, como es natural, no lo saben, y para eso estamos nosotros los padres, para educarlos con *paciencia y mucho amor.* Es una edad en la que hay que vigilar constantemente al niño porque está en una fase de manipulación. Es cierto que muchas veces nos aturden, pero esta etapa de su vida es así. Un niño de estas edades puede cambiar en treinta minutos treinta y una veces de actividad. Es así como se muestra su actividad física y mental, y sin embargo, hay algo muy significativo a estas edades y de lo que los adultos tendríamos que tomar buena nota: «*para el niño de dos o tres años el presente es lo que cuenta*. Ellos viven el momento y el lugar en que se encuentran gozando, tratando de entenderlo y disfrutarlo». Observa a Luisito —por unos momentos observamos al niño y ciertamente se encontraba totalmente absorto y centrado en su actividad de colocar aquellas piezas.

—¡Qué curioso! Tampoco me había dado cuenta de este detalle. Yo en estos últimos tiempos, intento vivir la vida sin pensar en exceso en lo que va a venir, pero nunca había pensado que mi hijo me daría lecciones de vivir el presente tan intensamente

—Lo que me sorprende es que esté aguantando tanto tiempo ahí en una misma actividad.

—¿Y por qué puede ser esto?

—Quizá por la variación de todas esas piezas. Cada una es diferente. Él está continuamente cambiando de objetos, de color y de forma, y cada una de ellas le produce en su imaginación una historia nueva que se ajusta a su forma de ser. La mayoría de los niños de estas edades, como Luisito, poseen una gran imaginación cuando se entregan a sus esparcimientos y esto es lo que les lleva a vivir profundamente enfrascados en sí mismos. Es como si todo lo que imaginan fuera cierto dentro de ellos. Hablan con los objetos y les dan vida. Todo tiene un sentido profundo en ese vasto mundo mental donde la realidad y la fantasía adquiere una misma dimensión.

—Tenías que ver a Luisito en la playa, allí si que goza. Además se imagina que los cubitos de arena son pasteles, y alguna vez le he tenido que lavar la boca porque se ponía a darles bocados.

—Me lo imagino, mis hijos hacían lo mismo, con normalidad les atribuyen supuestas cualidades, porque, como te he dicho antes, suelen mezclar la realidad con la irrealidad. Todo esto es normal en ellos, aunque también existen niños a los que les gusta jugar con la arena sin pensar que es otra cosa diferente.

—Entonces, ¿la forma de ser de todos los niños de estas edades no es igual?

—Ya te dije antes que cada niño es un mundo. Nos tenemos que acostumbrar a ver la realidad diversa, pero los diferentes estadios de evolución son los mismos para todos ellos, aunque unos crean que la arena es chocolate y otros no. Yo me acuerdo de anécdotas de mis hijos cuando eran pequeños. Ana tenía dos años y era una niña llena de fantasía. Juan, con tres añitos, era más realista, por llamarlo de alguna manera. Él sabía que su hermanita muchas veces se estremecía y se asustaba. Un día le dijo que era el monstruo de las galletas que se la iba a comer y Ana rompió a llorar. En muchos niños su poderosa imaginación resulta inquietante y sin embargo en otros es distinto, porque lo que puede ser real para un niño es irreal para otro. El miedo de Ana era normal, porque también los niños de dos y tres años son miedosos. Nunca se me olvidará la carita de mi hija Ana cuando le contaba cuentos. ¡Los vivía tan intensamente...!, y además su ternura... ¡Me abrazaba con tanto afecto y con tan cálida intimidad...! «Papaíto, te quiero mucho», me decía acariciándome con sus manitas la cara. Juan también me mostraba mucha ternura. Estos recuerdos me emocionan.

—¿Qué te pasa, Alberto?

—Nada, nada... —trataba de disimular un nudo de emoción que se me había formado en la garganta. La infancia de mis hijos. Los recuerdos familiares eran mi debilidad en aquellos momentos de soledad. Estaba muy reciente mi separación y...

—¿Te pasa algo? —insistía Miriam.

—No, no... los recuerdos me traen mucha nostalgia —Miriam me miraba compasiva sintonizando con mis emociones. Y me habló del miedo de Luisito. En el fondo trataba de distraerme, para disolver aquel momento de aprieto. Valoraba su actitud y me sentía más unido a ella.

—Luisito también es muy miedoso, por las noches tengo que dejarle la luz del pasillo encendida, no aguanta la oscuridad.

—Los especialistas dicen que la tendencia al miedo es propia de los niños de tres años, faceta que es menos acusada en los niños de dos y cuatro años, sin embargo Ana tenía dos años y se mostraba miedosa multitud de veces. No hay reglas, pero hay una tendencia generalizada.

—Hay algo que veo horrible, y es asustar a los niños. ¡A eso no hay derecho, hombre!

—Es cierto, no hay derecho a que muchos padres asusten a sus hijos con amenazas de ese tipo.

Estos miedos normalmente se convierten en terrores nocturnos.

—Aquí al lado de mi casa vive una vecina que tiene varios niños pequeños, y siempre está amenazándolos con la dichosa frasecita: «¡Qué viene el hombre del saco!» ¡Tú fíjate qué atraso! ¡Que todavía se utilicen estas expresiones...!

—Tú lo has dicho, es un atraso meter en las mentes de los niños esas ideas de temor para condicionarlos a hacer algo.

—Luisito un día vino de la guardería obsesionado con los gorilas, porque alguien, que no he conseguido averiguar todavía quién es, le dijo que si no se portaba bien y se estaba quieto, los gorilas se le iban a comer vivo. Pasó una buena temporada asustado el pobrecito.

—Es un atraso, desde luego. ¿Y cómo se le pasó?

—Yo me encargué de hablarle de estos animales comprando libros y cuentos ilustrados con dibujos y muchas fotografías de chimpancés y gorilas. También me hice con la película de «Gorilas en la niebla», del director Michael Apted. Basada en la vida de Dian Fossey, que abandonó su privilegiada y confortable vida en el año 1966 y subió sola a las montañas del África Central para vivir en las más primitivas condiciones, con el único deseo de tomar contacto con los gorilas de las montañas salvajes y salvarlos de la extinción. Esta película tiene escenas violentas; yo seleccioné los momentos más entrañables, y así poco a poco le hice ver que los gorilas no se llevaban a nadie —Luisito estaba escuchando y nos miraba de reojo, y en uno de esos momentos, su madre aprovechó para preguntarle—: ¿Verdad hijo, que quieres mucho a los gorilas?

—Sí —Luisito fue breve y siguió jugando.

—Si todos los padres supieran que la sensibilidad del niño existe desde el nacimiento y todo se graba en su subconsciente ya desde dentro del vientre de la madre, tendrían más cuidado.

—¿Tan pequeños? —dijo Miriam asombrada.

—Así es. Los seres humanos somos tan especialmente emocionales, que todas las perturbaciones nos pueden herir, y las consecuencias pueden ser graves para la vida afectiva del adulto. Ni siquiera la voluntad puede dominar un inconsciente perturbado. «Es más fuerte que yo» es una expresión que revela esa fuerza interior que no se puede dominar. Es impresionante saber que la sensibilidad del niño registra todo lo que experimenta. Esta especie de memoria tiene sus raíces antes del nacimiento. No hay más que ver la felicidad de un bebé en un baño a buena temperatura y la rapidez con la que toma la posición fetal, para comprender que este líquido tibio le recuerda el bienestar y la seguridad del tiempo que estuvo en el útero de su madre. Te voy a contar un caso de los que dejan huellas profundas por ignorancia y desamor: María, de siete meses, ya empieza a luchar con su madre. No ha hecho nada, pero su madre dice que es una niña *perversa* que la golpea. Tú fíjate, con siete meses dice que la golpea. Un especialista le aconseja que no deje que lo haga. ¡Vaya elemento de especialista!, ¿no? Esta madre dotada de intelecto y no de sentimientos leyó hace tiempo en un libro que era necesario destetar a los bebés a los cuatro meses, y sin dudarlo, de la noche a la mañana, cambió el régimen de la niña haciéndola comer a la fuerza. Para colmo, un nuevo embarazo no deseado la deshumaniza más todavía y la niña se defiende como puede de esta madre brutal. ¿Qué actitud tendrá esta niña cuando crezca?

—Pues de rechazo. Indudablemente desarrollará una personalidad rebelde. ¡Qué horror! Sólo de pensarlo se me ponen los pelos de punta.

—Efectivamente es horroroso, y lo peor de todo es la actitud del especialista. ¿Qué tipo de profesional era este hombre? Esa niña cuando crezca conservará una actitud de defensa ante la vida y será de aquellos niños que siempre dicen ¡NO! antes de saber de qué se trata. A esta niña pequeña sólo le gustaba la leche materna porque estaba acostumbrada a ella, como es natural. Pero si se le impone por la fuerza un nuevo alimento siente miedo. Sumando la insensibilidad de la madre a la imposición, crecerá en ella un sentimiento de profunda soledad, y como consecuencia tratará de defenderse de lo que ella considera una agresión. Ya desde muy pequeñita esta niña empieza a desconfiar y así crecen millones de niños, en medio de adultos insensibles e inexpertos. Estos niños de corta edad ya empiezan a ganar o perder en la vida. El pesimismo es una emoción negativa que invade a todos aquellos seres que empiezan a ser maltratados desde la cuna, creando en el inconsciente del niño toda una red de impresiones que impiden el desarrollo emocional basado en el profundo valor y poder del *amor*. Y no me hartaré de repetir que si no amamos ni sabemos educar a nuestros hijos, crearemos niños-problema y son muchos los padres que educan a sus hijos en el miedo y la agresividad. De una forma violenta les condicionan a portarse bien: en las buenas maneras, la obediencia y la docilidad, para que no molesten. Es horroroso forzar a estos niños tan pequeños a adaptarse por el miedo y a la fuerza, cuando hay otros medios más loables de educarlos, y además en una etapa de su vida de la que saldrán para pasar a otra forma de vivir más razonable y relajada. Sólo las personas que aman a sus hijos de verdad saben comportarse adecuadamente. Unos se guiarán de una forma y otros de otra, pero el niño tratado con afecto sabe instintivamente de los errores que pueden cometer sus padres. Y no hay duda que les perdonarán, porque aprecian el arrepentimiento sincero. La libertad cuando hay amor es ilimitada, y se comprende que no existe la perfección, sólo un aprender a evolucionar para percibir más profundamente a nuestros hijos y amarlos cada vez más. No se puede zarandear a un niño de dos o tres años porque se ha ensuciado la ropa nueva o se toca sus genitales. No se puede gritar llena de rabia a un niño que alegremente recorre la casa e incluso la ensucia. ¡No! Hay formas de comportarse más adecuadas que llegan antes a los niños sin intimidarlos con el único propósito de condicionarlos a través del miedo. La buena educación es un arte que hay que aprender y está en saber causar influencia con estímulos positivos. El niño siempre obedece a una motivación. Un niño no hace lo que los padres quieran porque con normalidad hace lo contrario. Nos gustaría que las cosas las hiciera así, pero las hace a su manera. Entonces, *¿cómo diablos le educo?*, nos preguntamos todos. Tenemos que saber que en la educación somos nosotros los que pretendemos enseñarle, pero es el niño el que aprende y será él quien deba estar motivado y se impulse a aprender. Somos nosotros los que debemos aprender primero a enseñarle, sobre todo a través de los estímulos positivos que motiven en cada situación específica. Hay una manera de conseguir que el niño haga lo que nosotros queramos y es hacer que nuestro hijo quiera hacerlo; hasta entonces no habremos conseguido nada. Lo fácil es manipularle, tratarle violentamente obligándole a hacer lo que nosotros digamos. Como es un ser sin importancia, *no es nada*, zarandeamos con nuestra fuerza bruta toda oposición y se nos olvida utilizar la inteligencia y él amor que sentimos por el, para enseñarle adecuadamente. Los niños anhelan ser apreciados y sentirse importantes ya desde su más tierna infancia. Ser motivados positivamente más que criticados negativamente. Los elogios y el aprecio a las acciones buenas son estímulos que contribuyen al equilibrio, y los niños son los más indicados para recibir estas atenciones, porque son rastros de pequeñas muestras de gratitud que encienden la motivación para que hagan lo que nosotros queremos, sintiendo que es un bien para ellos. En uno de sus libros, *Cómo ganar amigos*, Dale Carnegie escribe algo muy interesante a este respecto con referencia a un artículo escrito por W. Livingston Larned. Dice así:

«*Papá olvida* es una de esas pequeñas obras que, escritas de un tirón en un momento de emoción sincera, encuentran eco en tantos lectores que se reeditan una y otra vez. Desde que apareció por primera vez hace unos quince años, ha sido reproducida —dice el autor W. Livingston Larned— en centenares de revistas y diarios del país entero; también ha sido publicada infinidad de veces en muchos idiomas extranjeros; he dado permiso para que fuera leída en aulas, iglesias y conferencias; ha estado "en el aire" en numerosas ocasiones y también la han utilizado publicaciones y revistas de escuelas y universidades.»

Papá olvida
W. Livingston Larned

«Escucha, hijo, voy a decirte esto mientras duermes, una manecita metida bajo la mejilla y los rubios rizos pegados a tu frente húmeda. He entrado solo en tu cuarto. Hace unos minutos, mientras leía el diario en la biblioteca, he sentido una ola de remordimiento que me ahogaba. Culpable, he venido junto a tu cama.

Esto es lo que pensaba, hijo: me había enfadado contigo. Te regañé cuando te vestías para ir a la escuela, porque apenas te habías pasado la toalla mojada por la cara. Te reprendí porque no te habías limpiado los zapatos. Te chillé enfadado cuando tiraste tus cosas al suelo.

Durante el desayuno también encontré motivos de crítica: derramabas la leche, engullías la comida, ponías los codos sobre la mesa, untabas demasiada mantequilla en el pan. Y cuando te ibas a jugar y yo me encaminaba a coger el tren, y agitando la mano me gritaste: "Adiós, papá" yo fruncí el entrecejo y te respondí: "¡Yergue los hombros!"

Y por la tarde todo se repitió de nuevo. Al acercarme a casa te vi, de rodillas, jugando a canicas. Tenías agujeros en los calcetines. Te humillé ante tus amigos haciéndote ir a casa delante de mí. Los calcetines eran caros, y si tuvieras que comprarlos tú, tendrías más cuidado. Pensar, hijo, que esto lo diga un padre...

¿Recuerdas que, más tarde, cuando yo estaba leyendo en la biblioteca, entraste tímidamente, con una expresión dolida en los ojos? Cuando te miré por encima del periódico, impaciente por la interrupción, vacilaste en la puerta. Y yo te pregunté con brusquedad: "¿Que quieres ahora?"

No dijiste nada, pero cruzaste la habitación de un salto, me echaste los brazos al cuello y me besaste, y tus bracitos me apretaron con un cariño que Dios había hecho florecer en tu corazón y que ni siquiera mi abandono podía marchitar. Y luego te ibas, y se oían tus pasos ligeros escalera arriba.

Bien, hijo; fue poco después cuando el periódico me resbaló de entre las manos y un miedo terrible, angustioso me inundó. ¿Qué estaba haciendo de mí la costumbre? La costumbre de encontrar defectos, de reprender, esta era mi recompensa para ti por ser niño. No era que yo no te quisiera; era que esperaba demasiado de ti. Te medía según la vara de mi propia edad.

Y en tu naturaleza había tanto que era bueno, hermoso y sincero... Ese pequeño corazón tuyo es tan grande como el sol que nace entre las colinas. Así lo demostraste con tu espontáneo impulso de correr a besarme esta noche. Nada más que eso importa esta noche, hijo. He llegado hasta tu cama en la oscuridad, y me he arrodillado, lleno de vergüenza.

Es una débil separación; sé que no comprenderías estas cosas si te las dijera cuando estás despierto, pero mañana seré papá de verdad. Seré tu camarada, y sufriré cuando sufras, y reiré cuando rías. Me morderé la lengua cuando esté por pronunciar palabras impacientes. Repetiré una y otra vez, como si fuera un ritual: "No es más que un niño, un niño pequeño."

Me temo que te he imaginado hombre, pero al verte ahora, hijo, acurrucado, fatigado en tu camita, veo que eres un niño pequeño todavía. Ayer estabas en los brazos de tu madre, con la cabeza en su hombro. Te he pedido demasiado, demasiado.»

CAPÍTULO IV

LA VIRTUD DE LA PACIENCIA

—No sabes cuánto te agradezco que estés conmigo. Estos últimos días me sentía a mí misma insatisfecha y muy sola. Pensaba que no estaba del todo preparada como madre. Luisito es lo único que tengo en esta vida y... ¡le quiero tanto! Necesito aprender, ¡claro que necesito aprender! Sé muy poco y quiero saber de mi pequeño para que esta alegría que tiene ahora no la abandone en la vida. Pero debo de armarme de *mucha paciencia.*

—La naturaleza nos da a los padres *fortaleza* para resistir, pero debemos contribuir también a aumentarla, y concretamente la *paciencia, la perseverancia y la constancia* son virtudes que hacen posible el éxito de una buena educación. La vida parece que no pasa cuando nuestros hijos son pequeños. Nos da la sensación de que van a estar con nosotros toda la vida, y creemos que hay mucho tiempo para enseñarles. La educación de un hijo es una tarea que empieza en el mismo momento de nacer y todos los días debemos emplear con ellos mucha atención, paciencia y sabiduría.

—Estas virtudes son para los padres porque *los hijos son dados a hacernos perder la paciencia.* ¡Menudos son ellos!

—Desde luego, pero ellos también necesitan aprender a ser pacientes. ¿Y quién se lo va a enseñar? Sólo los padres que tienen confianza en conseguir unos resultados favorables y positivos para el futuro adulto que será su hijo. Somos nosotros los que tenemos que reflexionar sobre la realidad presente relacionándola con el futuro. Un niño educado con tensiones y ansiedad será un neurótico. Un niño educado en el odio, odiará. Un niño que aprende a ser paciente desarrollará la capacidad de esa virtud. Es necesario tener fe profunda en los frutos de nuestras enseñanzas prácticas. Las teorías no sirven para nada si nosotros no damos ejemplo.

—Pero tendremos que hablarles, darles consejos; responder a sus preguntas...

—No cabe duda, además ellos se encargarán de marearnos a preguntas. Debemos tener claro que los niños por su edad, todos, son unos imprudentes y se plantean situaciones en que la paciencia es virtualmente imposible. Te doy la razón cuando dices que «nos hacen perder la paciencia». Debemos saberlo para entrenar nuestra fortaleza interior. Porque el desarrollo de esa capacidad, es lo único que puede con todo y a la larga les beneficiará, desarrollando en ellos sus capacidades. Ya te digo, de ellos no debemos esperar nada porque hasta que se hagan conscientes pasarán muchos años, después serán lo que nosotros y todas las demás circunstancia hagan con ellos. Porque los seres humanos somos moldeados a lo largo de la vida, y nuestra forma de ser se fragua en la infancia; por este motivo es tan importante saber qué terreno pisamos cuando nos convertimos en padres.

—Estoy de acuerdo contigo. La paciencia a largo plazo compensa. Se puede esperar lo mejor, cuando hay tantos hechos positivos en familias que educan a sus hijos en el profundo amor, y éstos reconocen haber sido favorecidos por sus padres. Esta claro que siempre surge el garbanzo negro de la familia, pero es inevitable. Tú sabes que yo tengo nueve hermanos y todos fuimos educados en el amor y el respeto. De los nueve hermanos uno se descarrió. Ya sabes que Alejandro estuvo durante un tiempo en la droga, pero al final rehízo su vida y ahora vive muy bien. Por lo menos se respeta a sí mismo y respeta a los demás. Se ha encauzado por el camino de los valores. Esto gracias a nuestros padres, que lucharon por nosotros con uñas y dientes. ¡Eso a ninguno se nos podrá olvidar en la vida!

—Alejandro. ¡Es verdad! Se me olvidó preguntarte por él —reaccioné de inmediato al recordármelo. Yo estuve un tiempo intentando convencerle de su error, pero fue imposible, por aquellas fechas, hacerle reflexionar.

—¿Y qué hace ahora?

—Montó un restaurante con otros dos socios y le va muy bien.

—¡Cuánto sufrimiento os hizo pasar! ¿No es cierto?

—Eso no se lo deseo a nadie. Alejandro era mi hermano favorito. Hombre, yo quiero a todos mis hermanos mucho, pero Alejandro era muy bueno y sensible. Quizá por ser así sufría mucho. Al principio tomó la droga como una evasión, pero sin duda fue el camino del infierno. Empezó por el hachís y terminó en la heroína. Tocó fondo. Se deshumanizó de una forma sorprendente. Dejó de querernos a toda la familia. Mis padres sufrían, pero nunca perdieron la esperanza de recuperarle del todo. La droga es el desamor. Es verdad. Gracias que un día rectificó; llamó a mis padres y les dijo que quería vivir y ellos le sacaron del fango. Y ahí está, sano y salvo. *Gracias a la paciencia y el amor de mis padres*. Porque la verdad es ésa. Alejandro puso de su parte, pero el verdadero mérito lo tenían ellos: le aguantaron con verdadera heroicidad y esperanza. Todos esperamos con ansias el principio del fin de aquel infierno que nos hizo vivir a todos. Las huellas del dolor nos marcaron para siempre y sobre todo a mi hermano. Él salió del infierno de la droga gracias al amor y la paciencia de mis padres; no me hartaré de repetirlo porque es la auténtica verdad.

—Ser padres es un riesgo muy grande.

—Más que un riesgo, casi siempre es una putada —Miriam se enfurecía recordando los malos momentos que había vivido.

73

—Bueno, yo... la verdad... viendo el panorama de mis padres pensé que tener un hijo era, más que una bendición, una desgracia. No pensaba tener hijos.

—¿Y como te decidiste a tener a Luisito?

—Pues por amor. Parece mentira, pero todo se olvida y nace la esperanza cuando el amor entra en nuestras vidas. Es un milagro o una ceguera que te entra, no sé, el caso es que la vida es un misterio que hace de nosotros guerreros indomables, aun cuando el sufrimiento nos convierte en cenizas. Lo de Arturo fue un palo, pero Luisito me da alientos y es un milagro de amor.

—¿Te sientes sola?

—Mucho. Hay momentos en que me encuentro muy sola, ese es el único inconveniente porque necesito dar amor y que me quieran. Menos mal que tengo un trabajito para vivir y el amor que siento por mi hijo. Si no fuera por esto... no se lo que habría hecho.

—¿Te volverías a casar? —esta pregunta se la hice desde el fondo de mi corazón, pues yo amaba a Miriam desde que se hizo una adolescente. No tuve el valor de decírselo y fue un secreto que guardé siempre celosamente. Nadie sospechó, ni lo más remoto, de mis sentimientos hacia aquella mujer. Ni ella misma se dio cuenta de lo enamorado que estaba. Su respuesta era muy importante para mí.

—Si encontrara un hombre como tú, me volvería a casar —no lo pensó dos veces. Me dio un vuelco el corazón. No podía creer lo que estaba oyendo. Aquello no eran imaginaciones mías, ni espejismos. Era la auténtica realidad.

—¿De verdad...? Bromeas —le dije ruborizándome.

—No, no... te estoy hablando en serio, como lo siento. Lástima que tú estés comprometido.

—Bueno... yo... —no sabía qué responder. Me inhibí profundamente y le di la razón

—Tienes razón, es una lástima —le dije fingiendo y con el poco o nulo sentido del humor que tenía en aquellos momentos. Ella no sabía que ya no estaba comprometido con nadie; hacía meses que me había separado de mi mujer. Pero preferí guardar el secreto. En aquel momento no tuve el valor de decirle nada y opté por girar la conversación, para seguir mi labor didáctica.

—Bueno, Miriam, ¿dónde nos quedamos?

—Pues... todo esto de mis padres y mi hermano Alejandro viene de la paciencia...

—Sí. Bueno... De siempre el ser humano estuvo sometido a fuerzas antagónicas. *La paciencia* también tiene dos oposiciones que son: *la impaciencia y la insensibilidad*. Hay en la actualidad muchos padres que llenan su tiempo con una actividad frenética y buscan resultados inmediatos. Rápidamente quieren ver las consecuencias de lo que hacen y no son capaces de ver a largo plazo. Son mentes estructuradas y en función de la economía. Como consecuencia de este comportamiento el valor real que buscan es el rendimiento, resultados... en un mismo tiempo y con el mismo esfuerzo. O conseguir mejores o más resultados en el mismo tiempo. Y no se dan cuenta que todas las virtudes intelectuales y humanas (el amor, la sabiduría, la justicia...) en suma, *la madurez natural del hombre, tardan en llegar. Se van fraguando con el tiempo, en la acción constante y la perseverancia.* Esta es la lucha de la superación, la que tiene un auténtico valor y los padres tenemos que ser conscientes de que la verdadera autenticidad se quedará grabada en el corazón de nuestros hijos para siempre. Porque son los padres los que establecen los primeros contactos biológicos y afectivos, y de ellos depende su seguridad hasta que se emancipan.

—Es curioso, pero tienes razón en todo lo que dices, ahora todo el mundo va a velocidad de vértigo. Se construyen edificios como churros. Se levantan urbanizaciones en pocos años... y claro, este ritmo feroz se impone en la vida de los seres humanos.

—Así estamos todos, «zumbaos». La naturaleza sigue manteniendo su ritmo calmado, sin embargo los seres humanos vamos a cien por hora.

—¿A cien por hora? Eso es poco. Yo creo que no se puede calcular el ritmo tan tremendo que nos imponen. Y lo peor de todo es que nuestros hijos sufren las consecuencias de está precipitación.

—No te quepa la menor duda, la deshumanización se produce por muchas circunstancias y una de ellas es la pérdida de la serenidad. Una persona que padece estrés destruye su equilibrio personal. Sus emociones se vuelven negativas. Se puede desatar la depresión, la ira... en suma, se adueña de él o ella la desesperación, y en ese estado los valores que sustentan la vida se desmoronan y destruyen el equilibrio. Ya no se cree más que en aquello que nos hace independientes y nos tranquiliza, y ese recurso, en la mayoría de los casos, es el dinero. Él nos da estabilidad y con él compramos la paz.

—¿Tú crees que el dinero nos da paz? —me hizo dudar y pensé en mucha gente que tenía dinero, sobre todo en mi familia, y la verdad es que no eran muy felices que digamos.

—El dinero es un recurso muy importante, pero depende de la persona, si lo sabe utilizar o no. La realidad es que el sistema es enloquecedor.

—Pero... ¿qué podemos hacer los padres si las circunstancias son así? Porque... el sistema nos impone ese ritmo terrible y no queda más remedio que asumirlo. Asumimos la locura o nos volvemos más locos, para encerrarnos en el manicomio. ¿No? Aquí la paciencia no resiste.

—Es difícil, desde luego, pero dentro de tantas dificultades podemos sentar las bases de nuestro equilibrio. Los seres humanos tuvimos que luchar siempre para conseguir un medio de subsistencia. En medio del caos frenético de la vida y de las necesidades económicas tenemos que aferrarnos a las realidades de nuestra profunda naturaleza. Dentro de nosotros tenemos elementos activos que armonizan nuestra vida, ya sean elementos biológicos o pensamientos y emociones. Son fuerzas que dan poder para resucitar la paz y el equilibrio interior. Descubrir ese potencial eleva nuestra vida para *ser* independientes y fuertes. De esta forma podremos aguantar el azote terrible de ese huracán que arrasa con todo. Yo aconsejaría a todos los padres del mundo que crearan una base personal determinante, y esta base está dentro de ellos: *La paz profunda* y *el silencio*. Estos dos pensamientos, desde el convencimiento, son elementos activos reales, que existen dentro de todos los seres humanos y nos humanizan y *concentran* nuestra *atención* para vivir todo nuestro potencial. Muchos seres humanos son conscientes del valor tan inmenso que tienen la *paz* y *el silencio interior* y de diferentes formas caminan hacia ese núcleo central de equilibrio a través de diversas técnicas. Porque un cerebro sin *paz*, es imposible que *ame* y funcione armónicamente. Hoy día todo está en crisis y sólo aquellos que se sustentan en unos principios cercanos y esenciales de *concentración y paz* sobrevivirán a todas las desgracias. Los padres que mantengan su vida concentrada a pesar del ruido y las prisas, y sientan la *paz y el silencio* crearán armonía en ellos y en sus familias. No importa si son ricos o pobres, porque, sobre todo, la deshumanización se alejará de ellos y la riqueza de valores se verá aumentada día a día, y por añadidura, vendrán los recursos materiales necesarios para sobrevivir. Su vida será un campo verde, un bosque lleno de vida, porque, ¿de qué le sirve al ser humano ganar todo el oro del mundo a un ritmo frenético si está desesperado y deshumanizado, no siente nada por nadie y además deshumaniza? ¿De qué le sirve al ser humano tener tanta riqueza interior si es un ciego que ignora su potencial biológico, mental, espiritual... y tantos aspectos que pueden elevar su vida a la máxima potencia humana?

—Me recuerdas a Jesús cuando hablas.

—¿Sí? ¿Por qué?

—Sí, porque el decía: «¿De qué le sirve al hombre ganar todo el oro del mundo si pierde su alma?»

—Pues tienes razón, todo está centrado en lo mismo, porque el alma del mundo humano es la humanidad que se siente. La humanidad es amor y si se pierde el amor, si se deja de sentir este noble sentimiento, perdemos la paz, el silencio, la paciencia, la sabiduría, perdemos todo y nos hacemos bichos raros, fríos... *robots biológicos* en los que cualquier nauseabunda maldad puede dirigirnos para hacer el mal.

—*Robot biológico*. Nunca había oído este nombre y, sin embargo, muchas veces me he sentido como un robot. ¡Lo he pensado muchas veces! Me he sentido dirigida y sin personalidad. En mi trabajo no puedo pensar; además, cuando expreso a mis compañeros o al jefe una opinión mía muy particular... me miran como a un bicho raro. ¡Es una sensación horrible! Un día mi jefezucho me dijo que yo allí no iba a pensar, que mi función era trabajar. ¡Es el colmo! Esa realidad también la transmitimos a nuestros hijos, porque pensamos que ellos no piensan y además, en la escuela, la educación los «robotiza», como tu dices, más. Fíjate, un día un chaval me hizo un comentario: «Si es que con tantas asignaturas como hay que aprobar no nos da tiempo a pensar, tenemos que memorizar y memorizar y no hay tiempo para la reflexión. ¡Qué agobio! ¡Qué asco!» Esto que le pasaba a este chaval también le pasará a Luisito en el futuro. Si es que no hay solución, por mucho que lo pienses estamos abocados todos a pasarlo mal y ser víctimas de un sistema inhumano e irracional desde todos los puntos de vista. A mí me dan mucha pena estas generaciones que vienen, ¡tan desorientadas! Por muy bien que queramos hacerlo los padres, ellos harán más caso a todas las influencias que les vengan de fuera. Yo muchísimas veces me siento desalentada y triste porque no veo salida.

—¿Tú crees que siempre fue así?

—No, ahora es peor, sin lugar a dudas —Miriam entraba en un estado de descontrol. Su rostro se tornaba triste. Su cuerpo entero expresaba preocupación. Aquella mujer morena de treinta años, alta y esculturalmente hermosa, desprendía ansiedad. Todos mis convencimientos de la *paz y el silencio*, creo que para ella eran simples teorías. Pensamientos, que yo había comprendido a fuerza de pasarlo mal, pero que ella por mucho que tratara de convencerla no asimilaría hasta que un día experimentara en sí misma y por necesidad, aquellos convencimientos de los que yo hacía gala por propia experiencia. Comprendía que era difícil de asimilar y me atreví a leerle un texto anónimo, descubierto en 1693, en la antigua iglesia de Saint Paul, de Baltimore. En este siglo se supone que no había coches ni tantas prisas y sin embargo el sabio que lo escribió percibía a los seres humanos tendiendo a la frivolidad y a las corrientes frenéticas de sus cerebros desquiciados.

—Miriam, fíjate lo que dice este texto. Toma nota como madre y ser humano. Estas palabras se escribieron en 1693, cuando suponemos que las catedrales se construían sin prisas; los jardines se diseñaban pensando en la forma que adquirirían cientos de años después; cuando se respiraba mejor porque, supuestamente, el aire era más puro... Sin embargo, su autor vislumbraba el presente y el futuro de la humanidad. Escucha:

«Anda plácidamente entre el ruido y la prisa, y *recuerda que paz puede haber en el silencio.*

Vive en buenos términos con todos los hombres y haz por ellos todo lo que puedas, sin rendirte.

Di tu verdad tranquila y claramente; escucha a los demás, incluso al aburrido y al ignorante; ellos también tienen su historia.

Evita a las personas ruidosas y agresivas, pero sin caer en vejaciones a su espíritu.

Si te comparas con otros puedes volverte vanidoso o amargo, porque siempre habrá personas más grandes y más pequeñas que tú.

Disfruta de tus logros, así como de tus planes. Mantén el interés en tu propio trabajo, aunque sea humilde; es una verdadera posesión en las cambiantes fortunas del tiempo.

Usa la precaución en tus negocios, porque el mundo está lleno de trampas. Pero no por eso te ciegues a la virtud que pueda existir; mucha gente lucha por altos ideales, y en todas partes la vida está llena de heroísmo.

Sé tú mismo, especialmente no finjas afectos. Tampoco seas cínico respecto del amor, *porque frente a toda aridez y desencanto el amor es perenne como la hiedra.*

Recoge mansamente el consejo de los años, renunciando graciosamente a las cosas de la juventud. Nutre tu fuerza espiritual, para que te proteja en la desgracia repentina, pero no te angusties con fantasías: muchos temores nacen de la fatiga o de la soledad.

Junto con una sana disciplina, sé amable contigo mismo.

Tú eres una criatura del universo, no menos que los árboles y las estrellas; tú tienes derecho a estar aquí y, te resulte evidente o no, sin duda el universo se desenvuelve como debe. *Por tanto, mantente en paz con Dios, de cualquier modo que lo concibas.*

Sean las que sean tus aspiraciones y tus trabajos *mantén, en la ruidosa confusión, paz en tu alma.* Con todas sus farsas, trabajos y sueños rotos, este sigue siendo un mundo hermoso. Ten cuidado, *esfuérzate en ser feliz, procurando hacer felices a los demás.»*

—¿Qué te parece?

—Reconfortante. Es bálsamo para las almas que sufren. Una guía a seguir.

Luisito ya hacía tiempo que estaba echado sobre las piernas de su madre dando la murga e insistía en querer salir a jugar a la calle con sus amiguitos. Miriam me invitó a acompañarla, pero me encontraba un poco cansado. Prefería marcharme. Tanto insistió, que me fui con ellos al parque infantil donde Luisito se divirtió de lo lindo montando en todos aquellos artilugios de madera, plástico, goma, hierro... Después me invitó a cenar.

—Necesito que te quedes, Alberto.

—Pero tengo que irme a casa, Miriam.

—Llamas a tu mujer y le dices que vas un poco más tarde, ¿no? —quizás aquel momento era el idóneo para decirle que ya no tenía mujer... y le eché valor.

—Miriam, tengo que decirte algo.

—¿Qué? —sus ojos se abrieron con sorpresa.

—Pues... que... hace cinco meses que me separé de mi mujer —Miriam no dijo nada. Le causó sorpresa aquella noticia y sin embargo no expresó con palabras lo que sentía. Fueron segundos inexpresivos, pero después, en sus ojos y en su rostro percibí una súbita alegría. ¿Qué significado tenía aquel silencio? Y por fin rompió pronunciando mi nombre llevándose la mano a la boca con sorpresa.

—¡Alberto! —su expresión de asombro iba acompañada de emoción y seguí explicándole mi situación.

—Sí, Miriam... fue irremediable. ¡Cosas que pasan! —mi valentía era provocada por sentimientos de soledad. Me sentía muy solo y necesitado de alguien a quien amar. La situación y el momento era ideal para empezar una nueva relación. Durante mucho tiempo había fantaseado pensando si era lo más acertado. Fueron muchos años de matrimonio y me acostumbré a vivir en pareja. Me sentía muy solo. Amanecer por las mañanas sin el ser amado me producía tristeza. Necesitaba entregarme a alguien con profunda autenticidad y amor, y Miriam era la persona que más amaba en aquellos instantes.

—¡Pues cuánto lo siento! —me dijo cumpliendo, pero al instante rectificó y fue muy sincera—. Bueno lo siento y... y me alegro mucho.

Esa es la verdad. ¡Lo siento, pero no puedo ocultar la verdad!

—¿Qué quieres decir? —Miriam se puso intrigante. Me hacía sentir algo de ansiedad que traté de disimular como pude.

—Quiero decir que esto es mucho mejor para ti y para mí, ¿no?

—No te entiendo, Miriam.

—Que te quiero mucho, Alberto —ahora Miriam me miraba de una forma especial; no eran fantasías de mi mente, aquella profunda realidad me atrapaba. Mi corazón latía a un ritmo poco habitual. Más que latir bailaba de alegría. Aquellas palabras retumbaron dentro como sonidos celestiales. Aquella voz me decía que me amaba. Parecía estar soñando. Pensé muchas veces que ya no era posible encontrar otra mujer. No supe qué decir, pero tenia que expresarle que yo también sentía amor por ella, y mis palabras se ahogaron en una inhibición incomprensible. No podía entender la razón que nos hace inútiles tantas veces para expresar lo que sentimos. ¿Es miedo a ser rechazado? Yo era un hombre de mediana edad. Le llevaba muchos años de diferencia. Dudaba y traté de terminar con aquellas insinuaciones que se manifestaban dulcemente. Mi escepticismo ante la vida era muy grande y no creía ni siquiera a una amiga que me declaraba un sentimiento que posiblemente fuese verdad.

—Miriam, agradezco mucho tu amistad.

—No es amistad, Alberto: es *amor*.

—No... no sé qué decirte —me seducía aquel sonido en su boca.

—Abrázame —Miriam me cogió las manos intuyendo que estaba enamorado de ella y me dejé llevar en silencio. No fueron necesarias las palabras para... los besos, las caricias, los arrullos, y...

—¡Mamá...!, he terminado de cenar —Luisito gritaba desde la cocina. Miriam despegó suavemente sus labios de mi boca para contestar a su hijo

—¡Ya voy! —su tono de voz penetró en mis oídos dejandome un instante como sordo—, perdona —para después susurrarme—: Te quedas a cenar, y no me digas que no —dijo acariciándome con ternura. Me había atrapado con pasión. Deseaba estar con ella en la misma intensidad de su atracción. Un hechizo erótico nos unía. Mi cuerpo se descompuso en sensaciones, y mis fantasías aparecieron con el tropel estimulante de millones de hormonas excitadas. Me gustaba aquella mujer, pero...

—Cenas, y después ya veremos, ¿vale? —me tenía hipnotizado. Quería hacerme el fuerte, pero fue inútil.

—Bueno, lo que tú quieras, pero ahora debes atender a Luisito.

—De acuerdo —eran las nueve. Luisito se acostaba casi todos los día a esa hora. Mientras se dormía y Miriam preparaba algo para comer, le conté algunos cuentos. El ultimo de ellos fue el de «La bella durmiente» y antes de terminarlo, se quedó felizmente dormido. Le apagué la luz y fui timidamente al encuentro de Miriam que había preparado la cena. Me encontré con un rostro iluminado de ilusión y de alegría. Cenamos. Nuestras miradas permanecían atrapadas por un hechizo de amor. Eso pensaba yo. Y hablamos. Miriam seguía interesada en la educación de su hijo. Le gustaba escuchar mis enseñanzas... Después de cenar nos instalamos de nuevo en el mismo rincón donde pasamos juntos la tarde en compañía de Luisito.

—¿Quieres pasar la noche conmigo, Alberto? —me sorprendió de nuevo. Era directa e iba muy deprisa. ¿Qué podía contestarle? La deseaba, pero me resistía. Miriam estaba totalmente abierta a comenzar una nueva relación. Quizá su soledad la empujaba a dar aquel paso. Mi situación también era perfecta para empezar una nueva vida, pero en el fondo tenía miedo; los seres humanos nos engañamos fácilmente y aquello que aparecía de un color erótico muy atractivo, podría ser, con la realidad cruda de la vida, lamentablemente, un error. Y le hablé sensatamente sin dejarme llevar por las emociones.

—Miriam, creo que no debemos precipitarnos, ¿te parece?

—Lo que quieras. Respeto tu opinión, pero ya sabes mis sentimientos hacia ti.

—Yo también te quiero, Miriam, pero todavía tengo que aclarar mi vida.

—Vale, no se hable más del tema —Miriam demostró un profundo respeto por mi decisión. Y su rostro se ensombreció por momentos, pero en seguida recuperó su tono y empezó a hacerme preguntas relacionadas con la forma de educar a su hijo.

CAPÍTULO V

CÓMO APRENDEN LOS NIÑOS A TRAVÉS DE LOS CONDICIONAMIENTOS

—Alberto, ¿me gustaría saber cómo aprenden los niños. ¿Cuál es la forma más adecuada para hacer que aprendan sin tensiones ni agobios?

—Hay muchas teorías en relación con la educación de los hijos. Sintetizando te puedo hablar de dos de ellas que son fundamentalmente útiles para orientar a los hijos (condicionamientos y a través de las consecuencias). Anteriormente te hablé de los condicionamientos; pero, ¿sabes qué son los condicionamientos de una forma práctica?

—Sé lo que significa la palabra, pero no la aplicación que tiene en la educación de los hijos.

—Poner condiciones es limitar la libertad para que el niño o el adulto se ajuste a una forma de vivir. A todos los seres humanos desde la infancia se les condiciona para que hagan lo permitido por la sociedad. No nos damos cuenta, pero todas las mentes han sido adiestradas sobre todo para no molestar, porque como digo siempre: «Mi libertad termina donde empieza la de los demás.» Los valores humanos son condicionamientos que hemos asumido para poder convivir los unos con los otros en el respeto. Claro que, a lo largo de la historia, se crearon condicionamientos terribles, como por ejemplo esa forma perversa que muchos educadores religiosos emplearon con los niños pequeños en tiempos recientes: «Hay que ser bueno, de lo contrario viene el diablo y nos llevará a todos al infierno.»

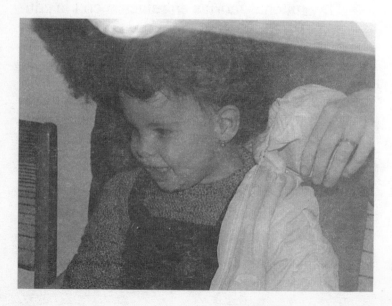

En la infancia muchos educadores ignorantes y perversos nos amenazaban con el miedo a otra vida en el infierno; de esta forma se creaba una ansiedad neurótica e irremediablemente teníamos que ser buenos para no ser arrojados al fuego eterno. Todos estos condicionamientos los asumimos en nuestro subconsciente. Siendo mayores ya, e incluso dándonos cuenta de que todo eso del cielo y el infierno eran fantasías fundadas en temores y esperanzas humanas, nos habían condicionado la vida.

—Alberto, qué serio es esto.

—Desde luego, porque la mente del niño desde muy temprana edad puede ser mutilada para el resto de sus días. Los malos condicionamientos producen un desorden emocional que permanece para toda la vida. Se crea en los niños un temor hacia el futuro que no es más que temor al presente. ¿Te podrás creer que desde mi infancia he vivido con inseguridad y temor hacia el futuro? Capté siempre que mi vida pertenecía al futuro y todo lo que hacía en mi presente de niño, era pensando para el futuro. No sabes tú cuántas veces pensé que nunca tendría trabajo. Tenía verdadero horror a no encontrar trabajo para ganarme la vida y siempre desarrollé esa idea que con el tiempo se transformó en una más de tantas obsesiones como poblaban mi mente.

¡Dios, qué perdida de tiempo y que neurosis tan grande nos provocaron aquellos ignorantes educadores! Como todos los que se atormentan toda la vida por la probabilidad de que en la vejez se encuentren enfermos y desamparados. Todos estos temores vienen de los mensajes y hechos producidos por los condicionamientos negativos.

Los niños sanos y libres no temen al futuro; por el contrario anhelan que lleguen el día de mañana para encararlo sin ese miedo enfermizo. Esto es debido a que en sus mentes han sido sembradas semillas de fortaleza y valor.

—¡Bueno...!, pues si esto es así, con Luisito he cometido muchos errores.

—Es bueno que te des cuenta ahora, pues todavía estás a tiempo de poner soluciones a lo que posiblemente marcaría a tu hijo para siempre. El miedo de los padres al futuro, es un fuerte condicionante para los hijos y debemos detectar cuanto antes esos temores para no dañarles con su influencia nefasta. Tenemos que ser conscientes como lo fue W. Livingston Larned en su artículo *Papá olvida,* pues con frecuencia el condicionamiento negativo contribuye a desarrollar una actitud desatenta, antagonista frente a todo lo que dicen los mayores. Normalmente tenemos que saber que los padres, por el hecho de serlo, innumerables veces nos mostramos prepotentes hacia nuestros hijos, teniendo por costumbre dar un cúmulo de ordenes autoritarias con las que provocamos que nuestros hijos se encierren en sí mismos, en sus propios pensamientos tan pronto como escuchan nuestra voz.

—¿Qué significado tiene esta reacción?

—Pues que ellos están hasta el cogote de que no sepamos educarlos debidamente con otro tipo de condicionamiento más creativo y divertido. Por este motivo los niños se vuelven desobedientes y contrarios a nuestras voces de ordeno y mando. Este tipo de conducta está carente de cariño, aunque amemos a nuestros hijos, porque lo que nos hace ser así son nuestros desbordamientos emocionales y la falta de conocimiento de cómo son los niños. Y sobre todo, y lo más grave, es la incompetencia emocional para poder sintonizarnos con ellos sin alteraciones violentas.

—Pero es muy difícil mantener siempre el tipo. Yo no creo que existan padres que aguanten impasibles, un día tras otro, las potentes y revoltosas energías de un niño, sin hacerlo mal. ¡Es que somos humanos, Alberto!

—Miriam, sé que educar encierra una complejidad enorme y los niños saben reconocerlo, sobre todo cuando estamos haciendo el esfuerzo de superar nuestros defectos, porque queremos para ellos lo mejor. Ellos se dan cuenta de todo, pero lo que no soportan es la continua pesadez de las repeticiones llenas de ira descontrolada. Porque con nuestro comportamiento estamos levantando barreras frente al niño y le atolondramos con esa retahíla de frases hechas e impuestas: «No comas con la boca abierta.» «Abróchate los cordones.» «No ensucies el suelo.» «No toques las puertas con las manos sucias.» «No hables con la boca llena.» «No te arrugues la camisa.» «Camina erguido.» «No des portazos...» y tantas cosas del mismo estilo. Muchas veces al niño se le irrita sobre todo si le condicionamos con críticas destructivas: «¿Eres tonto?», «No sirves para nada.» «No tienes dos dedos de frente.» «Un chimpancé sabe contar mejor que tú...» Estos pensamientos humillantes se depositan en su subconsciente y operan desde la sombra de forma negativa. Ya sé que somos humanos y llenos de defectos, pero de lo que se trata es de ir perfeccionándonos como padres para no hacer daño a nuestros hijos. Creo que debemos preocuparnos de la educación de nuestros hijos desde nuestro propio desarrollo y sabiendo que podemos controlar sin dejarnos avasallar por los niños, por la ignorancia y por nuestro propio descontrol emocional. Es muy importante saber manejar, de una forma positiva, el proceso de condicionamiento al tratar de educar a nuestros hijos. Lo primero que tenemos que valorar es que todas las palabras que emitimos tienen su importancia, pero no sólo eso, más profundamente es necesario saber cuáles son nuestros sentimientos y pensamientos.

—¿Por qué es tan necesario saber de nosotros tan profundamente?

—Por la sencilla razón de que es dentro de nosotros donde se gestan nuestras reacciones, o sea, la forma que tenemos de decir las cosas a través de las palabras. Una vez que tenemos conciencia y control de nosotros, es importante también saber escoger el momento propicio para no producir irritación ni violencia alguna.

—¿Estás llegando a la conclusión de la no-violencia en el hogar?

—Efectivamente. De lo que se trata es de comprender que los condicionamientos son una forma muy eficaz para poder trabajar con nuestros hijos.

—«Trabajar con nuestros hijos.» Esa frase me gusta y además me hace entender que tener hijos es una responsabilidad y un trabajo que tenemos que asumir hasta que se hacen mayores.

—Así es. Ser padres significa algo muy serio y ya va siendo hora de que las futuras generaciones se mentalicen en que un niño o una niña no es un juguete con el que podemos jugar, porque, si no somos responsables, un día puede estallar en nuestras manos y en nuestro corazón como una bomba, haciéndonos pedazos. Me gustaría hablarte de las investigaciones que se han hecho para condicionar a un niño. Esto nos lleva a ver objetivamente que lo que estamos educando son cerebros fácilmente impresionables. Un psicólogo investigador consiguió que un niño de trece meses tuviera miedo de un pequeño conejo al producir un ruido detrás de la cabeza del niño en el momento en que éste contemplaba el conejo. El experimento se desarrolló de la siguiente forma: el primer día, al colocar el conejito frente al niño, éste alargó la mano para tocarlo, al mismo tiempo que se hacía audible por detrás de su cabeza el ruido de que hablábamos. Se hizo desaparecer el conejo y, a continuación, volvió a ser colocado frente al niño; se repitió lo mismo. Al cabo de una semana, volvió a ser realizada esta experiencia con el niño y el conejo: se colocó a éste ante el niño, que tendió la mano para tocarlo, si bien no llegó a hacerlo, retirando la mano. Después, por tres veces, se situó el conejo frente al niño al tiempo que se producía el citado ruido por detrás de su espalda. Cuando por cuarta vez volvió a colocarse el conejo ante el niño, esta vez sin acompañamiento del ruido, el niño frunció el ceño y rompió a llorar. Se dice que la educación es un condicionamiento cuando, en circunstancias como las descritas, una reacción asociada con el estímulo se asocia con otro. Por ejemplo, en este caso experimental, el miedo era una reacción asociada originariamente con el ruido, no con el conejo. El animal inicialmente despertaba interés, puesto que el niño tendía la mano para tocarlo. Al conejo se le sumó un ruido desagradable y el niño sintió miedo. Entonces el conejo había pasado a convertirse en un estímulo de reacción asociada al ruido. El niño había aprendido algo nuevo, a tener miedo del conejo y también miedo del ruido, y esto lo había aprendido por un «condicionamiento» en la presencia de dos estímulos. En la vida ordinaria se presentan multitud de condicionamientos asociados que dan lugar a temores, por ejemplo algo que le ocurrió a mi hijo en la playa de San Juan en Alicante. Fuimos a la playa y se nos ocurrió alquilar un patinete donde pretendíamos pasar una hora agradable adentrándonos en el mar. Al montarnos, mi mujer y mis dos hijos Juan (dos años) y Ana (un año), una ola con la fuerza de mil demonios, que atemorizó a los dos niños, rompió contra nosotros y el patinete. Del susto rompieron a llorar y tuvimos que devolver el patinete; no querían saber nada del mar y regresamos al apartamento. Al día siguiente nos dispusimos a ir de nuevo a la playa. Ana no dijo nada pero Juan rompió a llorar; se negaba a regresar de nuevo al mar que fue motivo de un estímulo negativo, que le hizo reaccionar horrorizado. El temor se había apoderado de él y nada más comentar algo del mar decía: «Mar no, es malo.» Le hablamos tratando de restar importancia al asunto, pero aquel condicionamiento le había causado mucha impresión. Ni todas las palabras ni todo el amor del mundo lograrían convencerle para que de nuevo volviera a la playa a divertirse con el agua y la arena. Esto ocurrió al segundo día de estar de vacaciones. ¿Qué hacer?

—Se os jorobaron las vacaciones en la playa.

—No. Mi mujer se iba con Ana, que no había sufrido ningún trauma.

—¡Qué curioso!, ¿verdad?

—Sí, porque fueron dos cerebros que recibieron, al mismo tiempo, un estímulo circunstancial de las mismas características. Ana lloró en el instante de recibir la embestida del mar, pero no le quedaron secuelas. Parecía como si la capacidad de olvido fuera mayor en la niña que en el niño.

—Será que las mujeres somos más fuertes que los hombres. Tanto daros de machos y en el fondo sois unos debiluchos y miedicas —bromeaba Miriam. Ciertamente fue una anécdota curiosa. Bueno, ¿y que decisión tomasteis para seguir disfrutando de esas lindas vacaciones?

—Pues puse en marcha un plan. Siempre me horrorizó ver a esos padres meter a la fuerza a los hijos en el agua, a pesar de la rabieta y la oposición de los niños. Si Juan tenía tanto miedo y no quería oír hablar, ni ver el mar en pintura, pensé que lo mejor sería hacerle olvidar su calamitosa experiencia. Y así, mientras mi esposa y Ana disfrutaban en la playa con el agua, Juan y yo nos enfilábamos hacia un parque infantil con toboganes, columpios... Le dejé a su libre albedrío montarse en todos los aparatos y le seguía. Adonde iba el niño allá iba yo detrás de él. Y al final de la mañana, cuando íbamos camino del apartamento, le cogí en brazos y le mostré el mar. «Mar no», me decía. «No, hijo, no vamos a ir al mar, es sólo para que veas lo bonito que es. Allí hay peces y muchas gaviotas», le hablaba contándole cuentos del mar que escuchaba atentamente. Mi idea era acercarle gradualmente día a día el objeto de su temor y provocarle una nueva reacción positiva, asociándolo a estímulos agradables. Todos los días durante una semana le llevé al parque infantil y después me fui acercando gradualmente cada vez más a la playa. Los primeros días protestaba, después se fue acostumbrando y, llegado el momento, al quinto día

Juan metió sus piececitos en el agua suave de la playa. Ya no daba muestras de sentir ningún miedo. En los sucesivos días, nos bañábamos los cuatro con tanta alegría que me parecía increíble haber ayudado a mi hijo a adquirir un cariz positivo y superar su miedo. El mar, asociado con una reacción de miedo, se había convertido en el estímulo de sustitución que suscitó una reacción de placer, asociado a todas los pensamientos alegres y positivos que le había introducido en su tierna mente infantil. El mar y los estímulos positivos de su fantasía habían hecho olvidar algo desagradablemente aprendido y esto constituía otra fase del proceso de condicionamiento. ¿Qué te parece?

—Genial.

—Lástima que no pusiera tanto empeño en la educación a lo largo de toda su vida de infancia y adolescencia.

—¿Qué quieres decir?

—Pues que los problemas de la vida me deshumanizaron bastante y en muchísimos momentos cometí innumerables errores que nunca volvería a cometer si volviera de nuevo a ser padre.

—Seguro que no han sido tantos los errores.

—Eso solamente lo sabemos mis hijos y yo.

—Lo que pasa es que eres muy exigente.

—En parte, sí. Reconozco que soy muy serio con algo que me parece tan importante como es la vida humana. Es que, pensándolo bien, los padres somos los responsables, en gran medida, de la alegría y el equilibrio de nuestros hijos para toda su vida.

—Bueno, no sólo los padres.

—En un porcentaje muy alto, sí.

—Pero todo al final influye y su vida, en definitiva, será como ellos quieren que sea.

—No, Miriam, somos nosotros, su familia, los que construimos su sensibilidad y su autoestima. Su afectividad se construye en un nido familiar lleno de amor, alegría y comprensión. Ahí es donde desarrollará habilidades emocionales de cara a la vida. Un niño que dispone de unos padres emocionalmente competentes son una ventaja para él, pues éste desarrollará una actitud positiva y mucha confianza en sus propias posibilidades. No son ellos, somos nosotros a los que se agarran con fuerza para superar todas las influencias negativas que surgen. Somos nosotros los que le damos seguridad.

—¡Jo!, al final siempre me convences.

—Es que tengo motivos y experiencia para convencerte de algo que no solamente yo estoy totalmente convencido. Son muchos los expertos en educación los que opinan de igual forma.

—Pero no me negarás que toda la vida está llena de continuos condicionamientos. Los seres humanos no podemos ser totalmente libres.

—Esas palabras, «totalmente libres» una utopía imposible, porque todo lo que existe en la naturaleza está condicionado, e incluso toda la existencia es posible por una serie de condiciones. Fíjate tú si es importante el tema que estamos tratando. Estoy de acuerdo contigo; entonces, y por esa regla, el equilibrio humano depende de unas condiciones y no cabe duda de que unos padres bien informados y amantes de sus hijos podrán hacer de éstos personas valerosas y amantes de la vida si tienen inteligencia para utilizar esos recursos.

—Bueno, creo que los dos estamos de acuerdo.

—Bien. Volviendo a esta forma de educar te diré que existen innumerables estímulos positivos que actúan sobre los niños y de los que podemos echar mano para conseguir objetivos educativos en el proceso de condicionamiento. Tenemos que saber que todos los individuos niños y adultos tienen intereses de un tipo u otro y que son motivaciones que les hacen reaccionar. *Estímulo y motivación* son dos palabras claves en el proceso educativo.

—Volviendo a la anécdota del niño y el conejo, ¿cómo se las arregló el psicólogo para devolver al niño su estado normal hacia el conejo? Porque es una faena utilizar a un niño para meterle miedo, ¿no?

—Pues de la misma forma que le quité el miedo a mi hijo, por acercamiento, y haciéndole olvidar ese miedo aprendido. Será necesario provocar una nueva reacción tranquilizadora. ¿Cuándo se siente más feliz el niño? Cuando come, por ejemplo, ¿no?

—Sí, por ejemplo.

—¿Cuándo se sentía feliz mi hijo? Cuando jugaba en el parque infantil, ¿no? Pues estas motivaciones hacen más soportable la existencia de ese objeto al que tienen miedo. Juan tenía el mar a lo lejos, pero presente; sólo había que acercarle paulatinamente hacia él. Con el conejo se hace lo mismo; lo ponemos a una distancia prudencial en la que el niño sepa que existe el motivo de su miedo y vamos acercándolo gradualmente, hasta que el niño olvida el sonido desagradable y deja de asociarlo al conejo. En el instante que el niño siente de nuevo placer por acariciar el conejo y siente que no pasa nada, vuelve a su estado natural y eso es posible gracias a la capacidad de olvidar el estímulo desagradable. Los condicionamientos surten buenos efectos cuando se crean ambientes propicios, donde los niños se sienten a gusto y relajados. Se les educa más fácilmente si somos capaces de dominar nuestros impulsos irritantes. Esta es una forma de educar a tener siempre muy presente. Puede ser que el condicionamiento sea un factor necesario en muchos momentos, pero en otros no figura como forma de educar. Creo que es importante tenerlo en cuenta cuando nos pueda servir de utilidad. Los expertos en educación dicen que en muchas circunstancias el condicionamiento actúa plenamente en pro del proceso de la educación; en otros no figura para nada. Lo importante es tenerlo como un recurso más para saber llevar a nuestros hijos por los caminos de la no-violencia, el amor, la paz y el equilibrio. Voy a leerte un texto de Daniel Goleman que es muy importante para que veas hasta qué punto nuestros comportamientos influyen desde los primeros días de la infancia. Él lo relaciona todo en función de los fundamentos de la inteligencia emocional y dice así:

«Supongamos que un bebé de dos meses de edad se despierta a las tres de la madrugada y empieza al llorar. Imaginemos también que viene su madre y que, durante la media hora siguiente, el bebé se alimenta felizmente en sus brazos mientras ésta le mira con afecto, mostrándole lo contenta que está de verle aun en medio de la noche. Luego el bebé, satisfecho con el amor de su madre, vuelve a dormirse.

Supongamos ahora que otro bebé, también de dos meses de edad, se despierta llorando a media, noche pero que, en este caso recibe la visita de una madre tensa e irritada, una madre que acaba de conciliar difícilmente el sueño tras una pelea con su marido. En el mismo momento en que la madre le coge bruscamente y le dice: ¡Cállate! ¡No puedo perder el tiempo contigo! ¡Acabemos cuanto antes!, el bebé comienza a tensarse. Luego, mientras esté mamando, su madre le mira con indiferencia sin prestarle la menor atención y, a medida que recuerda la pelea que acaba de tener con su esposo, va inquietándose cada vez más. El bebé, sintiendo su tensión, se contrae y deja de mamar. "¿Eso es todo lo que querías? —pregunta su madre arisca—. ¡Pues se acabó!" Y, con la misma brusquedad con la que le cogió, le deposita nuevamente en su cuna y se aleja de él, dejándole llorar hasta que, finalmente, exhausto termina durmiéndose.

El informe del National Center for Clinical Infant Programs nos presenta estas dos escenas como ejemplos de dos tipos de interacción que, cuando se repiten una y otra vez, terminan inculcando en el bebé sentimientos muy diferentes sobre sí mismo y sobre las personas que le rodean. *En el primer caso, el bebé aprende que las personas perciben sus necesidades, las tienen en cuenta e incluso pueden ayudarle a satisfacerlas, mientras que en el segundo caso, por el contrario, el bebé aprende que nadie cuida realmente de él, que no puede contar con los demás y que todos sus esfuerzos terminarán fracasando.* Obviamente, a lo largo de su vida todos los bebés pasan por ambos tipos de situaciones, pero lo cierto es que el predominio de uno u otro varía según los casos. Es así como los padres imparten, de manera consciente o inconsciente, unas lecciones emocionales importantísimas que activan su *sensación de seguridad, su sensación de eficacia y su grado de dependencia que será: "confianza básica" o "desconfianza básica".*

Este aprendizaje emocional se inicia en los primeros momentos de la vida y prosigue a lo largo de toda la infancia. Todos los intercambios que tienen lugar entre padres e hijos acontecen en un contexto emocional y la reiteración de este tipo de mensajes a lo largo de los años acaba determinando el meollo de la actitud y de las capacidades emocionales del niño. Es muy distinto el mensaje que recibe un niño si su madre se muestra claramente interesada cuando le pide que le ayude a resolver un rompecabezas difícil, que si recibe un escueto "¡No me molestes! ¡Tengo cosas más importantes que hacer!" Para mejor o para peor, este tipo de intercambios entre padres e hijos son los que terminan modelando las esperanzas emocionales del niño sobre el mundo de las relaciones en particular, y su funcionamiento en todos los dominios de la vida, en general.

Los peligros son todavía mayores para los hijos de los padres manifiestamente incompetentes (inmaduros, drogadictos, deprimidos, crónicamente enojados o simplemente sin objetivos vitales y viviendo caóticamente). Es mucho menos probable que este tipo de padres cuide adecuadamente de sus hijos y establezca contacto con las necesidades emocionales de sus bebés. Según muestran los estudios realizados en este sentido, el descuido puede ser más perjudicial que el abuso. Una investigación realizada con niños maltratados descubrió que éstos lo hacen todo peor (son los más ansiosos, despistados y apáticos, mostrándose alternativamente agresivos y desinteresados, y el porcentaje de repetición del primer curso entre ellos fue del 65 %).

Durante los tres o cuatro primeros años de vida, el cerebro de los bebés crece hasta los dos tercios de su tamaño maduro y su complejidad se desarrolla a un ritmo que jamás volverá a repetirse. *En este período es clave el aprendizaje, especialmente el aprendizaje emocional, que tiene lugar más rápidamente que nunca. Es por ello por lo que las lesiones graves que se produzcan durante este período pueden terminar dañando los centros de aprendizaje del cerebro (y, de ese modo, afectar al intelecto).* Y aunque esto puede remediarse en parte por las experiencias vitales posteriores, el impacto de este aprendizaje temprano es muy profundo. Como resumen de una investigación realizada a este respecto, las consecuencias de las lecciones emocionales aprendidas durante los primeros cuatro años de vida son extraordinariamente importantes: *A igualdad de otras circunstancias, un niño que no puede centrar su atención; un niño suspicaz en lugar de confiado; un niño triste o enojado en lugar de optimista, destructivo en lugar de respetuoso; un niño que se siente desbordado por la ansiedad, preocupado por fantasías aterradoras e infeliz consigo mismo, tiene pocas posibilidades de aprovechar las oportunidades que le ofrezca el mundo.»*

CAPÍTULO VI

CÓMO APRENDEN LOS NIÑOS A TRAVÉS DE LAS CONSECUENCIAS

Eran las diez de la noche. Miriam y yo nos encontrábamos muy a gusto hablando de estos temas tan interesantes de la educación de nuestros hijos. Me daba la sensación de hablar demasiado y aparecer ante los ojos de ella como un listillo, pero sabía que mi experiencia serviría para educar a su hijo. No eran vanas mis palabras; ciertamente, era muy consciente de mis fallos y si recalcaba una y otra vez que el amor es la base para una correcta educación, es porque comprendía su profundo significado.

—¿Preparo una infusión de manzanilla o poleo y hacemos un descanso?

—Bueno, como quieras. Prefiero manzanilla. —Miriam se levantó del sillón y observé con toda mi atención la gracia de sus gestos y movimientos. Su cuerpo se mostraba provocativo. Aquel vestido blanco ceñido de una pieza hasta las rodillas, con un escote atrevido realzaba su figura. Me parecía eróticamente iluminada. ¡Me atraían tanto sus movimientos femeninos, que en el fondo deseaba quedarme aquella noche con ella! Me sentía como un adolescente lleno de vigor. Era una tentación irresistible. Pero... ¿por qué no pasar una noche de amor? Yo la quería y ella también. Perfecto. Pero mi experiencia anterior me había marcado y sobre todo comprendía el significado de convivir día a día con una mujer. En definitiva, había desarrollado mucha capacidad para pensar en las consecuencias futuras si aceptaba. Mi corazón no era puro, estaba contaminado por pensamientos y análisis. El amor significaba atadura y perdida de libertad, y sobre todo mucha vocación y responsabilidad. Sabía que mi sexualidad me producía una atracción irresistible; muy potente... La necesidad de entregarme en cuerpo y alma a una mujer, era un impulso latente tan grande que si me dejaba llevar, formaría de nuevo otro vínculo de amor a primera vista... pero, ¿después? ¡Son tantos los inconvenientes y los intereses que se deben unir! ¡No solamente el amor, sino todo lo demás! ¿Me había vuelto excesivamente realista y materialista? Hoy día las parejas se convierten, de la noche a la mañana, en ordeno y mando. Tanto las mujeres como los hombres tratan de dominar y defender su terreno sin pensar que es algo común y compartido. Que el amor verdadero une para luchar juntos, ciertamente era otra realidad a tener en cuenta, pero dudaba. Miriam era muy dulce y aparentemente sumisa, pero... ¿como reaccionaría ante mis debilidades o mis fracasos? ¿Se envalentonaría para tratarme como un insignificante fracasado? Tenía muchos miedos escondidos. No lo podía remediar. Ya no me sentía con ganas de conquistar el mundo para dárselo a una mujer. Pero, ¡quién sabe lo que me depararía el futuro! Todavía no era un viejo decrépito. Además estaba Luisito. Yo quería a aquel niño, pero estaba cansado de ser padre. Mis hijos fueron agotadores. Una experiencia en la que se dejan jirones en pie y sufrimiento en el camino. ¡Era un disparate! Ya entrado en años lo tenía claro, pero por otro lado necesitaba rehacer mi vida y aquella podía ser una oportunidad muy grande de empezar una nueva aventura para el resto de mis días.

Aturdido por tantas dudas la voz de Miriam sonaba a mi espalda con una grata cadencia.

—Alberto, aquí tienes tu infusión —Miriam me daba una taza humeante.

—¿Qué es?

—Una manzanilla. ¿No me habías pedido eso?

—¡Ah! Sí, sí. Ya no me acordaba.

—Bueno. Creí haberme confundido.

—Sí, sí una manzanilla —no estaba seguro. Me daba igual una manzanilla u otra cosa. Miriam se sentó de nuevo a mi lado. Ella me miraba con un brillo especial y me producía un nudo en la garganta. ¡Qué bella era! No me cansaba de mirarla con todo detalle. Mi cuerpo se estremecía, y ella, como percibiendo mis sensaciones, insistía rogándome como una hembra en celo. Provocadora. Sensual.

—Quédate esta noche, Alberto. Anda —y me cogió la mano. Dejé la taza sobre la mesita que tenía al lado y me acerqué de un golpe. Me quemaba por dentro, y otra vez de nuevo sentí sus labios y sus profundos deseos de amor. Nos abrazamos y sentí que la quería. Aquella piel suave... su cuerpo de ángel me remontaba a sentirla en éxtasis en el cielo de las sensaciones eróticas. Necesitaba entregarle mi amor en cuerpo y alma. Me pedía a gritos silenciosos mi entrega incondicional. Dejaría de estar solo. Porque ciertamente estaba muy solo y me tambaleaba muchas veces en lo incierto de aquella situación. Aquello no era sólo sexo, sentía las fuerzas de un amor intenso por aquella mujer. Mis pensamientos habían cesado. No había duda, el amor tenía un poder tremendo y extraño. Pero todavía podía controlar la situación.

—Miriam, cariño —le dije apartándome suavemente.

—Alberto. ¡Cuánto te quiero!

—Y yo, mi amor, pero déjame pensarlo detenidamente. Ahora estoy un poco confuso. Si me uno a ti, no quiero cometer errores imperdonables que se transformarán en rencores hacia mí mismo. Sé de los resentimientos y el odio, por mis errores, y eso es muy duro. Son espinas clavadas que me hacen llorar al recordarlas. Hay errores irreparables y lo peor de todo es que no te perdonen. ¡Eso es terrible, Miriam!

—¡Pero no somos perfectos!

—Lo sé. En las relaciones sentimentales hay que entregarlo todo y estar muy seguro de lo que se siente. El amor es sacrificio y entrega. No son solamente actos sexuales arrebatadores y pasarlo bien. Todo eso es estupendo, es extraordinario que la naturaleza nos haya dotado de tantas maravillas para poderlas disfrutar. Pero también sé perfectamente todo lo que significa entregarse a una persona. Es muy serio.

—Bueno, pero también podríamos tomárnoslo un poco frívolamente, y disfrutar. ¿Qué te parece?

—Miriam cambiaba de mentalidad y me hacía pensar en una relación sin compromiso. Aquella reacción no la esperaba; iba en contra de mi forma de ser, pero me atraía poderosamente. Sexo, amor...

y cada uno viviendo su vida sin responsabilidades de ningún tipo. Era razonable y excitante. Pero pensando en Luisito, todo aquello me parecía un atrevimiento que podría perjudicar al niño. No se lo hice saber a Miriam y le llevé la corriente.

—Bueno, déjame asimilarlo. ¿Vale?

—¿Cuánto tiempo necesitas?

—¿Tienes prisa?

—¡Mucha prisa!

—Creo que es mejor no correr tanto, porque el que mucho corre... tortazo que se pega. ¿No te parece?

—¡Jo, Alberto! Cómo eres —Miriam estaba lanzada. ¿Inconscientemente lanzada? No lo sabía. Yo me mantuve despierto, temiendo cometer otro error. Y sin más dilación le propuse seguir hablando de la educación de los hijos, tema del que los dos nos deleitábamos.

—Miriam, ¿tú sabrías decirme que es una consecuencia?

—¿Consecuencia? ¿Y para qué quieres saber lo que significa?

—Pues para el tema que voy a desarrollar seguidamente.

—Una consecuencia es llegar a una conclusión. Un efecto que resulta de una causa. Causa-efecto. Es un hecho, un acontecimiento que viene de otros acontecimientos. El *karma*.

—¿El *karma*?

—Sí, claro.

—Bueno. Pues eso. Todo viene ligado y encadenado. Lo nuestro y lo que vamos a hablar ahora. Porque a los niños también podemos educarlos a través de las consecuencias.

—¿Cómo? —Miriam se sorprendió de la facilidad que tuve para fundir sutilmente un tema en otro.

—La consecuencia de una forma de actuar puede reportar satisfacción. Esta es otra forma de educar. Buscar motivos, cosas... que reporten satisfacción.

Las consecuencias pueden ser satisfactorias o no serlas. Lo que debemos saber los padres es si la forma de ser de nuestro hijo y los efectos que produce, consecuencia de sus distintas formas de actuar, son satisfactorias para él. En caso contrario, tendríamos que averiguar qué es lo que le produce insatisfacción, para tratar de ayudarle a cambiar las actitudes que le producen distorsión.

—Esto es como el *karma,* ¿no?

—¿Otra vez esa palabra? —anteriormente no hice caso a este concepto, del que Miriam parecía estar muy enterada. Quizá fuera necesario profundizar también en esta forma filosófica de entender la vida desde el profundo conocimiento humano de miles de años de antigüedad.

—¿Tú sabes algo con referencia a esa palabra sánscrita?

—Claro. A mí todos los temas de las filosofías antiguas me llenan de curiosidad. Karma en sánscrito significa acción o semilla. Toda acción, física o mental, es *karma*. También se conoce como *karma* el fruto o las consecuencias de estas actuaciones. Toda acción comporta una reacción de la misma naturaleza e intensidad. En un sentido más amplio, *karma* es también la suma de todos nuestros actos en la vida. Los budistas e hindúes creen que el *karma* va más allá de esta vida y dicen que es la suma de las acciones en esta vida y en existencias precedentes, grabadas en el subconsciente en forma de impresiones y que se manifiestan en nuestros hábitos y tendencias —Miriam me sorprendió con su explicación exacta. No me salían las palabras. Nos mirábamos en silencio compartiendo un misterioso poder de atracción. ¿Qué causa me había llevado a encontrar a aquella mujer maravillosa?

—¿No dices nada, Alberto?

—¿Qué...? ¡Ah, sí! —desperté—. Todo eso tiene que ver con las causas y los efectos, ¿no?

—Efectivamente. El *karma* es una ley de causa y efecto.

—Entonces tiene mucho que ver con la educación a través de las consecuencias. *El estímulo podemos considerarlo como causa y la reacción el efecto.* Cuando un niño llora es por la reacción de una causa. Como aquel niño de dos años, que nada más entrar en la consulta del médico rompía a llorar. Había una causa, desde luego, para que surgiera este comportamiento.

—¿Cuál?

—Las inyecciones que le ponía el médico. Ir a la consulta o ver al médico por la calle provocaba siempre la misma reacción de temor y lloraba. Condicionaba al niño a comportarse de esa manera. Era una consecuencia derivada de una acción asociada a la inyección. Pero fíjate, este niño un día en su casa tuvo una curiosidad. Cuando pasaba a la habitación de sus padres la puerta del armario empotrado llevaba unos días cerrada con llave. Aquello le producía una motivación muy grande de curiosidad, sobre todo por saber qué había dentro de aquel armario. Era incitante, una motivación, un estímulo, una causa... y su deseo era abrirlo. El niño de esta forma empieza a actuar para satisfacer aquella motivación. Busca la llave y la encuentra. Abre la puerta y allí dentro mamá esconde un juguete para él. Su alegría es inmensa. La consecuencia de su forma de actuar le reporta mucha satisfacción. Lo saca del armario y se divierte con él sin pensar que su madre puede enfadarse por aquella acción, su reacción es de sorpresa y condiciona al niño con una leve regañina. Aquel juguete era para su cumpleaños y vuelve de nuevo al armario hasta el día señalado. Al día siguiente el niño vuelve de nuevo a repetir la misma acción y de nuevo encuentra la llave. Abre el armario y allí está el juguete. El niño ahora está impulsado por una motivación que le encamina a conseguir un objetivo. En su cabeza llevaba el juguete antes de abrir la puerta; su objetivo era concreto, quería conseguir algo para jugar. Su motivación perseguía un objetivo. Y actúa para conseguirlo. Abre la puerta. *La consecuencia de su forma de actuar le reporta satisfacción.* Su éxito es encontrar el juguete de sus deseos.

—Pero... ¿y su madre? ¿No piensa el niño en ningún momento que aquella acción puede provocar la ira de su madre?

—La mente humana asume este riesgo e incluso olvida totalmente a su madre. Quizá después el niño recapacite y piense que su mamá le va a castigar por hacer lo que no debe. Pero cuando la motivación es tan grande los niños y los adultos vamos a por todas sin pensar en las consecuencias que pueden acarrear nuestras acciones. Hay momentos de la vida que nos atraen tanto y nos producen tanta motivación emocional, que la mente pensante queda anulada.

—¿Te puedo contar un secreto?

—Sí. Dime —Miriam me intrigaba.

—Desde que me dijiste que ibas a venir a casa no he dejado de pensar en ti. Anoche no dormí. Tenía la cabeza llena de fantasías de todo tipo. Estaba profundamente motivada y lanzada.

—¿Fantasías eróticas también? Je, je, je... —le hice la pregunta para gastarle una broma.

—Sí, y no me avergüenza decírtelo. Mi cabeza no paraba de hacer planes de futuro. He soñado incluso viéndote a mi lado para siempre. No sé, Alberto, qué es lo que me está pasando. Pero siento que te quiero de verdad. Es tanta la emoción que siento, que me pasa como a ese niño, me olvido de las consecuencias negativas que me pueda traer mi actitud. Voy a por ti, Alberto, a por todas porque te necesito.

—Ven —y la abracé con fuerza. Miriam lloraba de emoción. Yo también la necesitaba. Ella se encontraba profundamente sola y yo también. Pero insistía en no precipitar las cosas. Para mí amar profundamente era un arte y éste requería tiempo y paciencia. Los impulsos y la toma de decisiones rápidas no llevan más que al fracaso. Amar de verdad no era sólo una cuestión de sexo, para mí significaba algo más profundo, una maestría que requería mucha paciencia. Miriam y yo con el tiempo podríamos unir nuestras vidas, pero ahora no lo consideraba oportuno.

—Miriam, cariño. Creo que es necesario calibrar más la mente con razonamientos lógicos y sin precipitarnos. Vamos a darnos un tiempo. ¿Estás de acuerdo?

—Bueno. Si tú lo ves así...

—Creo que lo mejor es convivir un tiempo para ver qué pasa, y si nos entendemos bien, pues tomamos la decisión de vivir juntos. ¿Te parece?

—Vale, mi amor —y me besó como sólo ella sabía besarme.

—Bueno, esto es desde luego una motivación muy grande. Tú, como el niño, pretendes conseguir un objetivo y estás poniendo todos los medios para conseguirlo. Para satisfacer dicha motivación me comunicas sinceramente todo lo que sientes, física, mental y espiritualmente... tratando de conquistarme. Pero en este caso la puerta no está cerrada y te ahorro el trabajo de buscar la llave. Sólo tienes que entrar y coger tu juguete, que es mi amor. Pero sólo te pido un tiempo. Muchas cosas que aprenden tanto los niños como los adultos pueden ser analizadas de esta misma forma. Aprendemos a actuar de unas determinadas maneras porque descubrimos que nos reportan satisfacción.

—Eres genial, Alberto. Eres un estímulo maravilloso. Estoy tan contenta contigo. Hummm... ¡Cuánto te quiero! —Miriam me achuchaba como a un muñeco de peluche. Se sentía feliz como aquel niño con su juguete.

—Miriam, Miriam... —de los movimientos bruscos derivados de su alegría desbordante, me hizo caer del sillón, lo que provocó una carcajada de risas. Aquella situación era ridícula y a la vez divertida. Hacía mucho tiempo que no recibía tantos estímulos positivos. Mi vida tiempo atrás había sido dramática y estancada en unas circunstancias difíciles de explicar. Ya era hora de recibir estímulos gratificantes del amor. Miriam me sacudía para espabilarme y soltar tanto lastre como había acumulado a lo largo de los años. Parecía increíble y de nuevo me incorporé a mi asiento y guardé la compostura. Miriam adoptaba de nuevo la postura educada del oyente.

—Venga, sigue hablando.

—¿Dónde estaba?

—Pues... —Miriam mira hacia el techo tratando de recordar. Pues... que aprendemos a actuar de unas determinadas maneras porque descubrimos que nos reportan satisfacción.

—¡Ah, sí! Bueno, pues eso... El individuo obedece a una motivación que le encamina hacia un objetivo. Siempre es así y cuando esa motivación no existe y tenemos que conseguir resultados, nos cuesta Dios y ayuda actuar para conseguirlo.

—Eso le pasa mucho a casi toda la gente con el trabajo...

—Y a muchos niños con el colegio. Les cuesta horrores estudiar porque no están motivados. Pero si en un momento surge dicha motivación actúan con verdadera energía para conseguir sus objetivos y ningún obstáculo les impedirá conseguirlo. Las consecuencias de dicha motivación son el éxito seguro. No hace falta que piensen que van a ser triunfadores, porque todo viene por razones obvias de causa-efecto. El triunfo y los fracasos son los efectos o las consecuencias de innumerables causas que intervienen en el proceso.

—Entonces, ¿es todo *karma*?

—Desde luego a mí me convence mucho cuando veo que el destino de los seres humanos va a ser la consecuencia de todas sus acciones. Una acción buena o positiva produce frutos buenos, y una acción mala o negativa comporta malos frutos.

—Es la ley de acción y reacción; de causa y efecto. Es el deseo quien da lugar a un pensamiento y éste a la acción. El deseo es un estimulo, una causa... que produce una reacción, un efecto...

—Entonces las consecuencia de los actos resultan positivas o negativas. Todas las acciones llevan una carga positiva o negativa. No existe una conducta cuyas acciones sean todas buenas ni otra en la que sean todas malas. Con respecto a la educación de los niños, lo que sí importa es que las consecuencias sean estables y directas a la educación de las emociones del niño. Porque de lo que se trata es de producirle satisfacciones duraderas.

—¿Qué quieres decir con esto?

—Mira, hay acciones en los padres que son realmente inadecuadas. Si un niño por ejemplo tiene un hermanito más pequeño que tiene que cuidar durante un cierto tiempo, es absurdo pagarle con unas pesetas por su buen comportamiento. De esta forma de lo único que se está preocupando esa madre es de su comportamiento. Para que se porte bien le paga, pero está ignorando sus motivaciones. De lo que se trata es de dar mayor importancia a los sentimientos del niño. Educar sus sentimientos. Queremos que se comporte bien, pero como una consecuencia estable al desarrollo de sus sentimientos afectuosos para con su hermanito. De esta forma conseguiremos unas consecuencias estables y satisfactorias, porque las emociones que sienta por su hermano van a ser una motivación importante, que va a dar lugar a un comportamiento estable.

—Entonces, en vez de darle dinero, ¿qué hacemos?

—Pues le elogiamos por habernos ayudado. Valoramos el tiempo que ha dedicado a su hermanito y le contamos un cuento u otra acción que contribuya a que el niño desarrolle una actitud más afectuosa.

De esta forma se hará consciente de que su hermanito necesita ser cuidado y a la vez incluso tomaría conciencia de que, tanto él como su hermano dependen de los cuidados de sus padres. Esta es una consecuencia satisfactoria y eso es

lo que debe perseguir la educación. Sin embargo, la ignorancia de la mayoría de los padres es muy grande y casi todos desean que su hijo se comporte debidamente, censurándole continuamente cuando hace algo que les desagrada. Si queremos que nuestro hijo aprenda una cosa determinada tenemos que saber enseñarle con amor y respeto, para procurar que las consecuencias derivadas de sus actos sean estables. Y esto lo conseguiremos, motivándoles para que el niño desee comportarse como tiene que hacerlo.

—Pero esto es muy difícil.

—Ciertamente. Por este motivo la función de padre es fascinante para aquellos que sienten mucho amor por sus hijos y verdadera vocación, y es imposible y erizada de problemas insalvables para aquellos que carecen del mínimo estímulo y sentimientos de ser padres. Ser padres no es una cosa vulgar, es una responsabilidad muy grande, porque, y vuelvo a repetírtelo, en esta tarea nos estamos jugando el futuro, la alegría y felicidad de nuestros hijos.

—Es serio este asunto, y según hablas me sensibilizo más de mi tarea de madre con Luisito.

—Creo firmemente en lo que digo y más viendo los desastres provocados por la superficialidad hedonista de la gente. No se pueden tener hijos como «churros», sin tener conocimiento del valor supremo del ser humano que nace a la vida. Por este motivo, desde la infancia se debe educar a los niños en la responsabilidad, y a los jóvenes en el conocimiento y las consecuencias que pueden derivarse de sus comportamientos.

—Está claro que de todas las acciones que emprendamos vamos a obtener frutos o fracasos. Pero, ¿cómo podemos saberlo? Cuando educamos a nuestros hijos, ¿cómo podemos saber que lo estamos haciendo bien y que las consecuencias van a ser fructíferas? Porque, por ejemplo, A. S. Neill opina que el niño tiene un realismo y una sabiduría, y que dejándole solo, sin influencia adulta de ninguna especie, al final desarrollará al máximo su capacidad. Yo no estoy de acuerdo en que a los niños se les deba dejar solos, creo que es necesario hacerlos conscientes de sus actos y de que efectivamente en ellos existe una sabiduría en la que pueden confiar para desarrollar todo su potencial, pero sabiendo que sus actos le reportaran satisfacción o insatisfacción, en función de su forma de actuar. O sea, según sean sus actos, obtendrá unas consecuencias u otras. Cuando un niño o un adulto tienden a resolver un problema, existen cuatro factores: 1) la motivación; 2) el obstáculo; 3) la acción, y 4) la consecuencia. Todos estos factores se unen a uno más, que es la capacidad de conciencia. Cuando un niño se enfrenta a un problema ha de tener conciencia de todos los obstáculos y capacidad para resolverlos con la acción. El conocimiento de la existencia de obstáculos es una tarea que los adultos tenemos que enseñar a los niños, pues cuando son pequeños no tienen todavía el suficiente desarrollo para saber que es lo que impide la acción y cómo resolverla.

—Hay una cosa que enseño mucho a Luisito y es hacerle consciente de que tiene un órgano que se llama cerebro y que necesita aprenderlo todo para que éste funcione adecuadamente.

—Mujer todo, todo...

—Tú ya me entiendes, hombre. Me refiero a todo lo necesario para resolver los problemas determinados que se presentan.

—Te entiendo.

—Tú ya sabes lo zoquetes e ignorantes que eran antes los padres y los maestros, en este sentido. Muchas veces, de pequeña, me sentía acomplejada por no saber resolver los problemas que se me presentaban. Me sentía como una burra. ¿Y sabes por qué? Pues, sencillamente, porque tanto la maestra como mis padres me habían causado una nefasta influencia. Fíjate, pensaba que tenía que saberlo todo sin que nadie me enseñara nada. Como si dentro de mi cabeza tuviera toda la información. Y si no sabía, pues me sentía acomplejada sin ser conciente de que lo normal era aprender. Hasta que me di cuenta por mí misma que los más mínimos detalles tenía que aprenderlos.

—Esta es una observación muy importante que es necesario hacérsela saber a los niños, pues de poco vale que se tenga mucha motivación si no se saben resolver los obstáculos. La inteligencia actúa cuando hay conocimiento, sin él es imposible. ¡Si te fijas, muchos niños pequeños lloran enrabietados porque son incapaces de resolver algún obstáculo. Cuando van en bicicleta, o juegan con algún juguete o con los compañe-

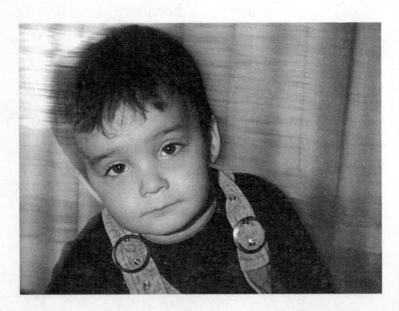

ros, siempre surgen inconvenientes que los adultos debemos ayudarles a resolver para que aprendan. Es de muy mal gusto dejar llorar al niño que no sabe cómo resolver un determinado problema.

—Mal gusto, no. ¡Eso es mala leche! ¡Anda que no lo he pasado mal por culpa de tantos descerebrados! Y más siendo mujer, porque como siempre hemos estado subvaloradas, pues...

—Te voy a contar el caso de un niño que tiene un problema y se descorazona por no saberlo resolver: Álvaro tiene tres años y está empezando a montar en bici. La rueda de atrás lleva dos ruedecitas para que pueda mantener el equilibrio mientras dura su aprendizaje. Va con sus padres de paseo por la calle. El niño va seguro hasta que una de las ruedecitas traseras queda atrapada en la rejilla de un alcantarillado. Álvaro trata de liberarla con todas sus fuerzas. La bicicleta no se mueve pese a que el niño se esfuerza continuamente en sacarla de allí. Se empieza a sentir descorazonado. Se pone rojo del esfuerzo que está haciendo sin pensar lo más mínimo en cómo resolver el problema. Y se le saltan las lágrimas. En ese momento llega su padre y le dice: «Álvaro, ¿sabes lo que ha ocurrido?» El niño vuelve la vista atrás y mira por encima del hombro con indiferencia como si no le importara lo que está pasando. El padre insiste: «Álvaro, por favor, si sigues así, te estarás toda la tarde aquí. Bájate de la bici y mira cuál es el problema que te impide salir.» Álvaro se baja de la bici y observa qué es lo que está pasando. Su padre le explica por qué no puede salir: «¿Ves lo que te impide moverte?» El niño observa la rueda atascada en la rejilla de la alcantarilla: «¿Cómo podríamos sacarla?» El padre le hace pensar con mucho cariño. Álvaro parece no estar ya tan agobiado e intenta levantar la bici agarrandola por el sillín y tira hacia arriba. «Así es, hijo», pero el niño no tiene fuerzas suficientes para sacar la ruedecita. Su padre le ayuda y la bicicleta queda libre. Álvaro sabía que no podía mover la bici, pero no el motivo que impedía que se moviera. La ayuda de su padre sirvió para que tomara conciencia de la causa que le impedía continuar montando en bici con normalidad. Si le hubiera resuelto el problema sacándole la rueda de aquella rejilla, el niño no hubiera aprendido a ser consciente del motivo de aquel problema y cómo resolverlo. Una vez que se había enterado se le indicó cómo debía hacer para sacar la ruedecita. Ya era suficiente. Lo intentó y se le ayudó. Con esto quiero decir que es importante que los padres estemos atentos a lo que constituye para los niños un problema, aunque no siempre resulta fácil ver lo que para los niños es un problema, pues hay situaciones muy complejas y que tienen que ver con las emociones del niño. Es fácil observar los problemas exteriores y el comportamiento exterior, pero muy difícil adivinar los motivos por los que muchos niños tienen determinadas reacciones emocionales, que son actitudes interiores.

—Como llamar la atención de alguna forma, ¿no?

—Hay muchos niños inseguros, y, sobre todo, del afecto de sus padres. Estos niños son dados a practicar determinadas escenas para captar la atención.

—Pero, ¿crees que ellos son conscientes de lo que hacen?

—¿Ves? Aquí es donde insisto continuamente, porque es muy difícil saber lo que está ocu-

rriendo en el interior del niño. Y desde luego el propio individuo... ¿hasta qué punto se da cuenta de sus sentimientos y de las reacciones que provoca para llamar la atención? Su cuerpo y su mente funcionan de una determinada forma para conseguir un fin, pero... ¿con qué nivel de conciencia? El niño o la niña sienten hambre y lo expresan, sienten necesidad de amor y sus deseos llevan a su cuerpo a expresarse de alguna forma para llamar la atención. Cuando los niños se vuelven excesivamente caprichosos, puede ser que estén demandando más atención porque su necesidad de cariño no está satisfecha. Muchas veces los padres pasamos demasiado tiempo fuera de casa y los niños permanecen con personas de la familia o extrañas. Estos niños en un momento determinado llamarán poderosamente la atención e incluso la depresión puede aparecer irremediablemente. Cuesta mucho averiguar las causas que motivan a los niños a comportarse como lo hacen. Unas actitudes difíciles necesitan de una atención afectiva adecuada para averiguar qué es lo que motiva los comportamientos. Y los adultos subvaloran los sentimientos del niño ignorando que esa etapa de su evolución es muy importante para la estabilidad del futuro adulto. Los padres y profesores viven inmersos en la vida diaria, en lo que yo llamo «la normalidad», durmiendo en su rutina esquematizada, sin darse cuenta de lo que está ocurriendo en el mundo interior de los niños (hijos o alumnos). El amor tranquiliza y da seguridad. Es un beneficio que se transmite a través de las palabras, las caricias, los juegos... Unos padres ocupados tienen que entregarse a sus hijos en el poco tiempo de que disponen para que sus hijos sientan que no están huérfanos y tengan dónde agarrarse. La vida familiar tiene que reportar auténticas satisfacciones a nuestros hijos para que el día de mañana no tengan carencias afectivas que les provoquen perturbaciones.

—Ese es el miedo que tengo yo.

—¿Cuál?

—Pues que Luisito no tiene una situación familiar normal. No tiene padre, y yo... pues... ya sabes, trabajo de sol a sol —Miriam entristecía, pero... ¿entristecía de verdad o me hacía pensar sobre la urgencia de tenerme a su lado cuanto antes como padre para su hijo? ¿Imaginaciones mías? La decisión de unirme a ella era realmente muy seria y de mucha responsabilidad. Tenía que conocerla profundamente, pues quizás sus manifestaciones de amor eran sólo una necesidad imperiosa de resolver el problema de Luisito. No quería pensar mal, pero irremediablemente cruzaban por mi mente reflexiones en busca de la autenticidad de sus sentimientos. Y seguí hablando como si no hubiera pensado nada.

—Yo creo que debes evitar tener miedo, eso es contraproducente. *Lo más importante es tener conciencia de tu situación y conciencia del interior de tu hijo.*

—¿Qué quieres decir?

—Pues que es necesario que te conozcas a ti misma y a tu hijo como conoces la palma de tu mano. Es difícil, pero crucial, porque todo lo que hagas determinará no sólo lo que pueda aprender tu hijo, sino la conciencia total de la situación. Cuando enseñamos a nuestro hijo estamos ampliando su ángulo de miras dándole información, y no sólo eso, es necesario enseñarle a conocerse a sí mismo porque cuando el niño va tomando conciencia de él mismo, le obligamos a un cambio total de su situación.

—No entiendo.

—Suponte que un día la profesora de Luisito te dice que el niño tiene comportamientos rebeldes en el colegio. No hace las cosas de buen agrado. Esto es consecuencia de algo que le esta pasando a Luisito ¿No? ¿Cómo podemos conocer la causa de su rebeldía? ¿Qué le pasa? Parece como si quisiera llamar la atención por algo. La profesora dice que todo el mundo se esfuerza por atenderle lo mejor posible, pues se han dado cuenta de que Luisito ademas está tristón. Sin embargo, parece ser que no disfruta ni cambia de actitud y el comportamiento difícil continúa. ¿Sería motivo de alarma para ti?

—¡Hombre, pues claro!

—¿Qué harías?

—Pues hablar con él; observarle, tratar de averiguar qué es lo que le pasa, estar atenta a mí misma para ver cómo reacciona a mi comportamiento...

—Al observarte estás intentando descubrir si tú eres la causa de su problema. ¡Fundamental! Y la observación de las distintas reacciones de tu hijo serán de vital importancia. Después es necesario analizar si Luisito te necesita más a su lado. Por desgracia puede ser que estés demasiado ocupada y te necesite más tiempo del que le concedes. La profesora te dice un día que el niño una mañana dice con mucha melancolía: «Me gustaría que mamá viniera a buscarme al cole.» Por fin salió el problema a relucir. Luisito tiene un problema muy grande de soledad y falta de afecto y todos sus caprichos y rebeldías son una manifestación clara de este problema.

—¡Jo, Alberto! Con esta historia me estás preocupando.

—¿Te ha pasado alguna vez esto?

—¡Pareces adivino!

—Te ha pasado algo parecido, ¿verdad?

—Sí.

—No soy adivino, esto ha sido una casualidad.

—El mes pasado me llamó la tutora de Luisito y me dijo que encontraban al niño un poco rebelde y triste. Le preguntaron para saber qué es lo que le pasaba y el niño les dijo que tenía miedo de verse abandonado como los niños pobres. ¡Tú fíjate! Luego descubrimos que ese temor le había surgido después de ver un documental en la televisión, sobre los niños pobres del Brasil. En casa también se mostraba muy caprichoso y me irritaba a veces. Un día me dijo que quería comerse una lata de espárragos. Yo me negué y no veas tú la rabieta que cogió.

—Era evidente que Luisito necesitaba sentirse seguro de tu amor.

—A veces pienso que lo que realmente le pasa es que tiene un gran vacío de padre.

—Esta situación no cabe duda que está marcando a Luisito, pero por ese motivo te necesita especialmente a ti. Tienes que darle mucho afecto, todo el que puedas. Haz todo lo posible por ir a buscarle al colegio. Si no puedes todos los días, los que puedas, y muéstrate muy interesada por él, elogiándole y apreciando todo lo que hace bien. Nunca le critiques con ira aquello que hace mal, hazle ver que lo ha hecho mal indirectamente, o sea contándole un cuento o lo que se te ocurra; esto es muy importante, pues los padres, normalmente, cometemos muchos errores de este tipo; casi siempre nos dejamos llevar por arrebatos de ira y machacamos sin tener conciencia, metiendo miedo e ideas negativas en su cabeza. Introduce en su mente siempre pensamientos de valor. Todo esto es muy importante para que el niño se desarrolle en equilibrio. Ya verás cómo cuando sea adulto su autoestima será muy fuerte, y esto en definitiva es lo que más importa, pues con esa forma de ser podrá luchar con fuerza y seguridad en la vida. En esta relación con tu hijo debes conocerle y conocerte, o sea lo que te he dicho antes, es necesario tomar conciencia de nosotros y de nuestro hijo, pues de esta forma no estaremos desorientados. Pregunta, infórmate, haz todo lo que consideres necesario para que no se te pierda ningún detalle. Y sobre todo haz que tu hijo se dé cuenta de sus inquietudes, tanto positivas como negativas, porque, ¿hasta qué punto Luisito era consciente de sus verdaderos sentimientos y de los comportamientos anómalos en la casa y en el colegio?

—Yo creo que el expresar «que tenía miedo de verse abandonado» era síntoma de que se daba cuenta. Era consciente de su temor. ¿No?

—Desde luego, a partir de ahí tienes que prestarle una especial atención a sus sentimientos. Habla con él mucho y muy espontáneamente. Que sea una comunicación no porque tú lo quieres, sino porque Luisito lo necesita. Si el niño habla y se siente bien en un diálogo distendido, esto le ayudará a tomar conciencia de sí mismo y tú sabrás por dónde encaminarte. ¿Recuerdas lo que te dije esta tarde sobre la sintonización emocional?

—Sí.

—Pues de esta forma el niño aprende que las personas perciben sus necesidades, las tienen en cuenta e incluso pueden ayudarle a satisfacerlas, mientras que un niño al que no se le concede atención ni cariño, aprende que nadie cuida realmente de él, que no puede contar con los demás y que todos sus esfuerzos terminarán fracasando. Esto es triste, ¿no?

—Desde luego.

—Los intercambios que tienen lugar entre padres e hijos son un aprendizaje fundamental de la intimidad. Cuando las emociones del niño son captadas, aceptadas y correspondidas se produce una sintonización armoniosa que marca un ritmo equilibrado de la relación afectiva, porque la madre transmite al niño la sensación de que sabe cómo se siente y esto se ve palpablemente, porque el niño muestra una especial alegría y felicidad al estar con su madre. De esta forma el niño tiene la reconfortante sensación de hallarse emocionalmente conectado con su madre. El niño se da cuenta que la madre le entiende perfectamente cuando ésta reproduce sus sensaciones internas; es entonces cuando el niño se sentirá comprendido.

—Desde luego, ¡qué importante es valorar los sentimientos de los niños! Hoy me estoy dando cuenta de muchas cosas. Sobre todo de lo que dices de la *normalidad* ¡Cuántas veces nos olvidamos de nuestros hijos! Estamos como embebidos por todos los acontecimientos y no nos damos cuenta de lo esencial de nosotros mismos y de nuestros hijos.

—Así es, Miriam, nuestra mente está dispersa y tenemos grandes dificultades para entender qué es lo que realmente está pasando. Nuestros hijos manifiestan sus problemas y somos incapaces de saber, e incluso de analizar cuáles son las causas que los motivan. Y todo es en gran parte debido a una falta de sintonización por una cuestión importante, nuestra carencias de sentimientos. Falta de *amor*. Cuando los padres fracasan es porque se desvanecen las emociones que nos conectan con la intimidad. Ya ves lo importantes que son las relaciones íntimas durante la infancia.

—Luisito necesita un padre —Miriam me miraba fijamente a los ojos. Era directa. No supe qué decirle. Cortó mi fluidez didáctica, pero reaccioné al instante. Y también fui directo al corazón.

—Entonces, ¿me quieres o tu único interés es darle un padre a tu hijo?

—*Te quiero* para mí —fue tan segura su respuesta, que desbarató en gran medida mis prejuicios. Me atrapó dulcemente con su mirada de amor. Pero desconfiaba, no lo pude remediar. Yo también la quería y necesitaba una compañera para el resto de mis días. Si Miriam en el fondo se interesaba por mí de una forma llamémosle de apariencia egoísta, yo también necesitaba para mí el amor, el cuerpo de aquella mujer, su vida entera; amarla y que me amase. ¡Qué bonito es compartir la vida con un ser que amas en cuerpo y alma! Y desde luego se presentaba una oportunidad que no debía desaprovechar. Pretendía seguir haciéndome el duro. Aguanté la nueva seducción e intenté seguir hablándole de la educación de los hijos, pero...

—Miriam, Miriam... —la llamé dos veces. Estaba como ida y al instante reaccionó.

—¡Qué...! Esperaba una respuesta.

—Ya la sabes.

—Quiero oírtela decir.

—Yo también te quiero. Pero desde hace muchísimo tiempo —se le iluminó el rostro.

—¿Sí?—dijo sorprendida—. ¿Desde cuándo?

—Desde la primera vez que te conocí a los dieciséis años. Me daba mucha vergüenza, por entonces, declarar que te quería. Te llevaba tantos años... Y pasó el tiempo y me vine a Madrid. Y aquí el destino nos ha unido. Ahora parece que es de verdad.

—No sabía yo... que... —Miriam me miraba sorprendida. No podía dar crédito a mis palabras.

—Sí, Miriam, por este motivo durante todos estos años pasados nunca quise perder tus pasos. Siempre te escribí cartas, algunas llamadas... para saber de tu vida por si acaso algún día... pues... habría alguna oportunidad... y..., ya ves, aquí está la oportunidad que esperé durante tantos años. Pero ahora ya no soy tan joven y estoy inseguro de muchas cosas. Y, sobre todo, no quiero cometer torpezas que enciendan los resentimientos. No soportaría que me acusaran de nuevo de hacer las cosas tremendamente mal.

—Repites muy a menudo lo mismo.

—Sí. Es que tengo miedo y no aguantaría hacer daño a nadie de nuevo.

—Alberto, ¿quieres saber algo curioso?

—¿Qué?

—Que yo también estaba locamente enamorada de ti desde muy niña. Tú fuiste mi primer amor platónico. Soñaba contigo.

—Entonce, ¿qué nos pasó?

—En mí había mucho temor al rechazo.

—¡Y en mí! Además pensaba que era muy mayor para ti. ¿Y nos alejamos el uno del otro por temor? ¡Qué estupidez! —no podía creer lo que estaba oyendo. La emoción me embargó profundamente. Miriam me abrazó con todas sus fuerzas. Aquello era amor profundo. Y hablamos desde una intimidad donde las palabras eran susurros. Esa forma de comunicar donde la emoción expresa con gestos y se escucha el corazón y la respiración. Nos hicimos conscientes de lo que era sintonizar la emoción más bella y profunda que sienten dos seres humanos: *el amor*.

—Miriam, ¡qué a gusto y feliz estoy contigo!

—Y yo. ¡Esto es un milagro, cariño! —y me besaba, despertando unos deseos eróticos profundos para hacer el amor.

Pero no quise precipitarme. Aquello era empatizar. Sintonizábamos emocionalmente. Sabía del sentimiento de Miriam y ella del mío. Reproducimos nuestras sensaciones internas, comprendiendo profundamente su significado. Uníamos nuestra soledad humana por medio de las emociones nobles. Pensaba que hacer el amor era el acto mas parecido *a la estrecha sintoniza-ción emocional que tiene lugar entre la madre y el hijo recién nacido*. La relación sexual implica la capacidad de *experimentar el estado subjetivo* del otro: compartir su deseo, *sintonizar con sus intenciones* y gozar de un estado mutuo y simultáneo de excitación cambiante; una experiencia, en suma, en la que los amantes responden con una sincronía que les proporciona una sensación de profunda compenetración. La relación sexual constituye, en el mejor de los casos, la máxima expresión de la empatía mutua.

El amor erótico me producía anhelo de fusión completa, pero sabía que esta forma de amor era la más engañosa que existe. Con él, todas las barreras que podían existir entre Miriam y yo se derrumbaban. Sentía miedo por muchas razones. No podía remediar todavía que surgieran prejuicios como consecuencia de mi escepticismo e inseguridad. Hasta ahora Miriam era para mí una desconocida y por este motivo me producía una enorme excitación. Entrar en su mundo era como explorar lo desconocido para conocer su intimidad. Esta experiencia es repentina y... ¿que pasaría cuando mi desconocida y amada Miriam se hubiera convertido en una persona íntimamente conocida? Sabía que el amor erótico era la forma más engañosa de amor. Una diversidad de sensaciones que la propia naturaleza empleaba para la procreación. ¡Ciertamente maravilloso! ¡Tan atrayente...! Pero tan corta la experiencia si se queda en esa dulce sensación cuyo máximo exponente es el orgasmo.

El amor auténtico es capaz de renovarse a diario. La unión física es como un consuelo momentáneo de la profunda soledad que experimentamos los seres humanos, pero insatisfactorio para el resto del tiempo que hay que vivir con la persona amada. No me gustaba incurrir en el error de creer que se ama cuando sólo existe un deseo físico. El deseo sexual tiende a la fusión para aliviar una tensión y además puede ser estimulado por la angustia y la soledad, por el deseo de conquistar y ser conquistado, por la vanidad... y también por el *amor* y es lo que importa. Esta emoción intensa estimula y se funde con el deseo sexual. Es un error pensar que se ama cuando se desea físicamente; el amor inspira el deseo de la unión sexual. No podía remediar todos estos razonamientos mientras besaba a Miriam. No me convencía y necesitaba un tiempo de reflexión y conocimiento: un noviazgo para decidirme. Pasado un tiempo volvimos a recuperar nuestra animada conversación sobre la educación de los hijos.

—Entonces, Alberto, ¿la aplicación de la educación a través de las consecuencias es para que nuestro hijo aprenda aquello que los padres queramos?

—Presupone que *es una orientación y no una imposición*. Lo que nos interesa es que nuestros hijos aprendan y que las consecuencias de ese aprendizaje les sirvan para crearles una personalidad armoniosa, libre y responsable

—Pero, ¿no te parece que es como manejar a los hijos a nuestro antojo?

—Mujer, si nuestras pretensiones educativas son buenas y están llenas de cariño, es lo mejor. Considero que es más favorable para nuestro hijo nuestra capacidad para orientarle y no lo contrario, que ellos nos controlen a nosotros. *Lo peor de todo es carecer de estrategias educativas y caer en la descomposición de la ira y los resentimientos descontrolados.*

—Es ahí donde normalmente caemos todos. Perdemos la paciencia a la más mínima ocasión. ¿Cómo podemos desarrollar virtudes en las que nos apoyemos firmemente, que nos den seguridad?

—¡Ay, las virtudes! Normalmente, se asocian a la religión y si la gente pierde la fe en esa religión, se les viene abajo todo un mundo de valores necesarios para vivir. Y qué equivocados están los que piensan así, porque lo que construye el interior del ser humano es la calidad del pensamiento que se tenga y se ponga en acción. Somos lo que pensamos y sentimos, y, generalmente, nuestra vida es un proceso mental que se asienta en las virtudes y son ellas las que crean el equilibrio, la paz y la alegría de vivir. ¿Te acuerdas cuando hablamos de la paciencia?

—Sí.

—Qué importante es desarrollar este poder, ¿no? Aumentar la fortaleza interior para aguantar las embestidas de la vida y la de nuestros hijos. Porque no nos engañemos, nuestros hijos nos embisten continuamente y las virtudes son el mejor capote para poder torearlos con éxito.

—Olé. ¡Qué bien te ha salido eso!

CAPÍTULO VII

LA OBEDIENCIA, LA AUTORIDAD Y LAS SANCIONES

—Miriam, ¿tú crees que la obediencia significa perder la libertad?

—Yo creo que la obediencia impuesta desde el autoritarismo es una pérdida de la libertad. Es la sumisión ciega del esclavo. Esta obediencia está impuesta por la represión del padre o de la madre.

—Entonces, ¿todos los padres somos en alguna medida dictadores?

—No tiene por qué ser así. Aunque algunos padres opinan que la única forma de enderezar a sus hijos es a base de una disciplina estricta, muchos actúan así para no dejarse comer el terreno. Esta forma de ser es una consecuencia de la falta de evolución personal y carencias de conocimiento y amor por los hijos. Porque hay muchos ejemplos de familias en las que la violencia y el autoritarismo dictador no tiene cabida, y los hijos son modelos de conducta. En mi familia, por ejemplo, fuimos un montón de hermanos, y mis padres nunca fueron dictadores, ellos supieron ganarnos con profundo amor y respeto. Que alguna vez mi padre tuvo que darnos algún cachete, utilizar la disciplina... pues lo hizo, pero no quedó en nosotros ninguna secuela dramáticamente negativa, porque su forma de ser era equilibrada en el trato. Prevalecía el cariño, el control personal, la reflexión, la prudencia, la humildad, la sencillez... Mi padre y mi madre se sostenían en la acción de las virtudes. Sus pensamientos y sentimientos se regían por la mentalidad de la acción, y no dudaban porque veían los resultados de *su forma de ser.* Esa es mi lucha para convencerme y convencer, que el verdadero milagro de la vida está en la mente, y el poder que le dan las emociones y los pensamientos llevados a la acción. Porque el contenido mental, sea bueno o malo, se puede llevar a la practica. De hecho es así, y normalmente la mayoría vive y se deja llevar por la mediocridad, subestimando la virtud.

—¿Y por qué sucede esto si todos podemos comprender el gran valor que tiene la virtud, en el trato que recibimos de los demás? A todos nos gusta que nos traten bien, y eso sería un motivo suficiente para creer en la virtud, ¿no?

—Es cierto, pero en las personas pueden más las emociones bajas, los resentimientos. ¿Por qué es esto?, pues suponte que un hombre te apalea y mientras lo está haciendo te habla de que hay que ser bueno. O como aquel padre que le decía a su hijo con toda su rabia: «¡Cabronazo! como te oiga decir alguna palabrota te rompo la cara a hostias!» ¿Qué obediencia puede tener ese hijo hacia su padre? ¿Qué virtud le está enseñando para que la lleve a la acción? Estos son tipos de individuos que confunden y crean resentimientos y rebeldía hacia los comportamientos nobles.

—Yo me sorprendo con la gente, cuando al hablar de virtud les parece como si perteneciera a la vida sobrenatural. La virtud sólo la alcanzan los santos, y como es natural en este tipo de pensamientos, los santos están en los altares y son inalcanzables; por consiguiente, la virtud es algo inalcanzable. Es como querer captar el olor de las cosas que no huelen. ¡Yo qué sé...! es algo muy raro.

—Porque la mente de esta gente está esquematizada y llena de prejuicios. No soportan oír hablar de pensamientos que construyen la vida interior de los seres humanos. Y es que la religión cometió *la torpeza de «sobrenaturalizarlo» todo*.

—Esa palabra me gusta. Nunca la había oido.

—¿«Sobrenaturalizarlo»? Pues se me acaba de ocurrir. El espíritu milagrero fue como un *marketing* para atraer a las masas y ejercer su proselitismo. El sonido de la palabra virtud daba escalofríos a los seres humanos rebeldes y resentidos por el mal espíritu violento de los maestros del diablo, porque otro nombre no tienen aquellos psicópatas que enseñaban la virtud en nombre de un Dios que castigaba y condenaba al infierno a la más mínima imperfección.

—Éstos enseñaban de una forma catastrofista, pero los otros no eran menos.

—Ya lo sé. Las ideologías materialistas del odio, con su influencia nefasta, también infectaron las mentes de todos. Y nos dejamos llevar por la tendencia destructiva de una nueva panda de anormales que ignoraban la evidencia del gran milagro de la vida. La desobediencia y la falta de respeto hacia la virtud, no son más que un claro malestar por la falta de amor hacia un pueblo inocente que desde su infancia aprendió a obedecer a una autoridad que no creía ni llevaba a la práctica lo que enseñaba. Su discurso, como se dice ahora, era una falsedad. Ellos no eran un buen ejemplo porque se contradecían. Si se siente amor, se ama, y así se produce el gran milagro del compromiso de la emoción más sublime de los seres humanos. De esta forma surgen todos los valores que dan sentido a la vida humana. Desde ese estado, surge el respeto y la obediencia, *porque no hay emoción más sublime que el dar cada día la vida por los demás.*

—Esto ultimo me suena a sermón.

—Así es como sienten la mayoría y eso es lo que pretendo explicar. Hay algo en nuestros cerebros que no soporta el mensaje teórico. Muchos no soportamos la palabrería y sin embargo esos sentimientos llevados a la práctica son dignos de respeto y consideración. Dan autoridad. Los sermones, los discursos... a lo largo del tiempo se convirtieron en prejuicios ancestrales de la tradición machacona y teórica; inutil para transformar la realidad asombrosamente cruel y deshumanizada. Los prejuicios, los resentimientos, la insatisfacción y las dudas fueron la consecuencia evidente de la falta de práctica diaria de la virtud. Siempre se habló de respeto y amor, y de hecho se violaron la dignidad y los derechos humanos.

—Pero todo esto que estamos hablando, ¿qué tiene que ver con la obediencia de los hijos?

—Porque la obediencia tiene sentido en relación con los valores de la propia vida de la sociedad entera. Una sociedad que vive en el respeto y la acción sincera y auténtica, hace que sus jóvenes obedezcan y crean en la autoridad, pero por desgracia la realidad es que los jóvenes se niegan a obedecer y actúan sin orden ni concierto en la vida cotidiana rechazando cualquier tipo de autoridad porque representa contravalores y valores mediocres. Y todos estos motivos tienen su repercusión en la familia.

Nuestros hijos reconocen ya a muy temprana edad cuándo sus padres les respetan y les aman de verdad en la vida práctica, y ellos, sintiendo esta forma de actuar, reconocen la autoridad del padre y de la madre.

Los padres debemos buscar el desarrollo de la virtud de la obediencia en nuestros hijos en relación con los valores que son importantes para la vida. Si estos valores son pobres, es probable que la exigencia de los padres no produzca el desarrollo de la virtud en nuestros hijos y en muchos casos lo normal es la rebeldía.

—Yo pienso que la obediencia entendida como virtud, no es la sumisión ciega del esclavo. El hijo no tiene por qué ser maltratado para que obedezca, porque en esa forma de ser y de actuar no hay virtud. Estoy de acuerdo contigo; cuando se obedece de verdad es en esos momentos que los hijos reconocen y sienten la autoridad de los padres y éstos reconocen la dignidad de los hijos y los respetan con todo su amor.

—Ese es el gran equilibrio.

—Cierto, pero, ¿cómo podemos motivar a los niños pequeños para que sean obedientes y cuál es la acción que más les motiva?

—El niño pequeño puede obedecer porque reconoce intuitivamente la autoridad de sus padres. Éstos le dan seguridad, cariño y un sentido a su vida.

—Pero multitud de veces son desobedientes.

—Esta desobediencia es como una prueba de su propia fuerza y posibilidades de actuar independiente. *Por dentro él siente y reconoce la existencia inconsciente de su propia voluntad.* Es una necesidad de autonomía y libertad que aparece precozmente. La vida de todos los niños ya tiene unas líneas de fuerza que convergerán a los veinte años hacia su autonomía total.

—¡Es sorprendente!

—Más sorprendente todavía es saber que *el niño desde su vida intrauterina se prepara para asumir su libertad.* La necesidad de independencia es lo que le impulsa a salir fuera del seno materno donde su organismo va a funcionar con todas sus posibilidades y de una forma independiente. Incluso los gritos del recién nacido son pruebas de su necesidad de libertad. No hay nada más sorprendente que el vigor que muestra, como una demostración de su inconformidad cuando nace o tiene lugar el destete.

—Ahora entiendo la complejidad que es educar a un hijo —Miriam miraba hacia el techo pensativa como si hubiera descubierto lo necesario de concentrar más su atención en su hijo y desarrollar capacidades para conocerlo y valorarlo más profundamente.

—¿Qué piensas, Miriam?

—Que soy muy limitada para entender y poner en práctica una educación donde hay que saber tantas cosas.

—Es cierto que cuanto más sepamos, quizá lo hagamos mejor, pero te repito que lo más importante es el amor que pongas en la tarea. Toda la información que recibas sobre cómo son los niños, será bienvenida para entender sus reacciones, pero este proceso también se aprende día a día con el trato diario. Una madre puede desarrollar una intuición sin límites hacia su hijo; este es el gran milagro que la naturaleza pone en nuestras vidas y la posibilidad de conectarnos emocionalmente. Cuando mis hijos eran muy pequeños me di cuenta del espíritu de rebeldía y desobediencia que mostraban al empezar a tomar alimentos extraños: volvían la cabeza, cerraban la boca con fuerza, no tragaban, con una sonrisa escupían la papilla... toda una aventura de desobediencia. Para que los niños comieran había que hacer el ganso, el payaso... y con mucha perseverancia los niños comían. Más de dos veces nos entraba la desesperación, pero aguantábamos para que los niños crecieran bien tratados y alimentados. Después otro tiempo para hacer pis y caca, y más desobediencia y rebeldía. Ciertamente, cuando lo recuerdo me doy cuenta de la necesidad que hay de desarrollar y poner en práctica el valor de la virtud de la paciencia, para que los niños obedezcan en ese proceso diverso y estremecedor.

—Luisito no dio muchos problemas con la comida. Pero lo primero que aprendió a decir fue: ¡Nooooo!

—Esta es una expresión de repulsa. Y también aprenden a decir mamá con un sentimiento de posesión.

—Luisito aprendió rápidamente estas dos expresiones.

—Y mis hijos también. Después viene la necesidad de descubrir el mundo que le envuelve: conocer, tocar, gustar... su necesidad de actividad es inagotable e insaciable su deseo de experiencias.

—En esta etapa es imposible hacer razonar al niño para que sea obediente, ¿no?

—Hasta los tres años, la falta de obediencia no suele provocar problemas muy importantes. Más bien molesta y es agotadora. ¡Bien lo sabemos nosotros! ¿Verdad, Miriam?

—Sí, señor.

—En muchos casos la desobediencia puede producir un peligro físico más que un peligro moral. Los niños se exponen a situaciones donde puede correr peligro su integridad física. *El periodo más útil para enseñar a los hijos a obedecer es a los tres años,* con el fin de que adquieran el hábito de obedecer antes de llegar a la adolescencia. No se trata de que los hijos obedezcan sin más. Tienen que obedecer bien.

—¿Qué quieres decir con «tienen que obedecer bien»?

—Me expreso así porque sé que los padres nos contentamos con una obediencia superflua. Esto es contraproducente, porque no basta con que el hijo cumpla con lo que mandamos. La rutina es una simple ejecución automática sin pensar en los deseos del que manda. Es necesario conocer estos problemas para tratar de desarrollar la virtud de la obediencia.

—No sé, me siento un poco incómoda al oírte hablar así.

—¿Qué quieres decir?

—Pues... que... no se cómo explicarlo. Verás... cuando hablas de mandar y obedecer no lo encajo bien, pienso que en esta acción puede haber un exceso de autoridad de los padres. Tú ya sabes cómo somos los seres humanos, tan dominantes y prepotentes.

—Te entiendo, pero si observamos a la naturaleza entera hay una relación y un interés entre padres e hijos, que nace de la propia supervivencia. Los padres enseñan y el hijo aprende como una necesidad para poder emanciparse. En esta relación tiene que haber una obediencia y un respeto mutuo. Hay un momento en que los hijos se hacen mayores, y si durante toda la vida existió un equilibrio de obediencia entre los hijos y los padres, aunque el hijo remonte en conocimientos no importa, porque ellos asumirán con alegría la capacidad y sabiduría del hijo, y aprenderán de él, lo mismo que el hijo aprendió de sus padres. Pero esta obediencia mutua es así porque se valoró y respetó profundamente a la persona. Tanto los padres como los hijos obedecían pensando en la satisfacción del otro.

—Esto me convence más, porque de lo que se trata en definitiva es de pensar en la alegría que experimentará el prójimo: sea hijo, padre, empleado, jefe... Estamos en lo mismo y de una forma general abarca a toda la sociedad.

—¡Claro! Así es. El empleado que trabaja obedeciendo a gusto, quizá lo haga por agradar a un jefe que es amable con él, y le brota un estímulo muy importante que es el amor propio, por el que experimenta satisfacción, sintiendo que aquello que resulte de sus acciones producirá alegría y satisfacción. En este caso no basta con cumplir, obedece con la virtud de la obediencia. El ser humano de esta forma se enriquece y da satisfacción.

—Yo diría que se humaniza.

—Efectivamente la virtud nos humaniza; por eso es bueno saber los fallos más frecuentes en el modo de obedecer. No es lo mismo que cumplan de una forma rutinaria, a cumplir bien los deseos reales del que manda. No es lo mismo centrarse en lo mínimo necesario para justificar la obediencia, en lugar de hacer, generosamente, incluso más de lo que se pide.

La crítica es un síntoma de disconformidad y tiene una causa y una raíz que hay que descubrir. Cuando el hijo crítica a los padres es porque existe un conflicto, y éste normalmente va acompañado de falta de afecto y comprensión por alguna de las dos partes.

Cuando se engaña y se ponen excusas imaginarias para obedecer, ¿por qué pasa esto?

—Puede ser que los padres obliguen a los hijos a ejecutar órdenes. Es más fácil así, que utilizar la imaginación; además... ¡para qué perder tiempo y esforzarse en mandar de una forma más adecuada! Estoy harta de oír decir esto a mucha gente. Intimidan a sus hijos para hacerlos sumisos y dóciles.

—De esta forma, no es de extrañar que los hijos engañen y critiquen la actitud de unos padres «mandones».

—Es que hay mucha comodidad, Alberto. Es muy fácil someter a los hijos para hacerlos obedecer como máquinas, rápidos y eficaces. Los padres que quieren acostumbrar a sus hijos a ser obedientes, de esta forma, olvidan la proyección del niño hacia el futuro. Yo creo que estos padres no tienen ni idea de que aquella criatura pequeña con el tiempo crece, y si le hacen sumiso y dócil, ignoran que más tarde ese adulto carecerá de energía y decisión para afrontar todos los problemas que se le presenten.

—Pero hay otro peligro, Miriam, y son aquellos padres que se preocupan demasiado del futuro de sus hijos y los educan como si fueran adultos. Discuten y razonan con ellos no teniendo en cuenta que son niños. ¿Qué podemos aconsejarles para que sean conscientes de su error?

—Creo que los padres debemos desarrollar nuestra capacidad de observación y análisis para poder ver al niño tal como es. Todo lo demás son equivocaciones que pagarán muy caro nuestros propios hijos, ¿no te parece?

—Yo también lo entiendo así. Es preciso ver al niño tal como es, sabiendo que es un ser dotado de razón e indiscutiblemente no es un robot. Importa que aprenda a obedecer, pero teniendo presente que el fin no es la obediencia, sino la decisión firme y reflexiva. Es absurdo inculcar una obediencia ciega y pasiva que no le enseña a decidir personalmente. Es, pues, preferible reemplazar en la vida familiar las órdenes imperativas por un conjunto de orientaciones asequi-

bles para el niño y así participará en decisiones fundadas. Volvemos a tener en cuenta la educación a través de las consecuencias. El niño obedecerá en función de una serie de motivos razonables. Es cierto que esto exige imaginación y tiempo a los padres, pero merece la pena porque lo que conseguiremos en nuestros hijos es un carácter solido y un ambiente familiar armonioso. Debemos pensar que en definitiva somos los padres los guías. La obediencia de nuestros hijos es consecuencia de una actuación emocionalmente ordenada y uniforme.

—Pero eso es muy difícil. Somos humanos, ¿no...? ¿Quién es el que mantiene un comportamiento totalmente uniforme sin altibajos y sin alguna que otra incongruencia?

—Pues... desde luego los padres tenemos que saber que *toda disgregación en nuestras intenciones y en nuestra forma de obrar produce inseguridad en el que tiene que obedecer.* Si los padres un día exigen una cosa y otro día otra por su estado de ánimo, es probable que la obediencia no se desarrolle en los hijos. Es importante que se sepa esto y lo que interesa es luchar por superarse a uno mismo. La unidad es importante y la conciencia de saber por dónde vamos e informar con gran claridad a nuestros hijos. Ya vimos anteriormente que los hijos necesitan fundamentalmente nuestro cariño. Podemos ser imperfectos y alguna vez que otra caer por nuestros defectos y debilidades, pero en lo que no podemos fallar es en la estabilidad de nuestros afectos por ellos. No podemos sentir un día odio y dos amor. No, porque crearemos incertidumbre y malestar y una obediencia superflua. El respeto a la libertad y personalidad del niño supone reconocerle sus derechos y que deje de hacer de cuando en cuando aquello que se le pide.

—¿Esto quiere decir que es bueno que desobedezca?

—Los niños que obedecen siempre, sienten una necesidad imperiosa de desobedecer. Pasa algo parecido con las prohibiciones. ¿Quien no ha deseado saltarse muchas veces las normas? ¿Quién no ha deseado soltar un taco a gusto, cuando las palabrotas se consideraban pecado?

—Yo cuando era una niña sentía muchas veces unas ganas locas de desobedecer —confiesa Miriam— y no me importaba nada el castigo que recibiría por la desobediencia.

—¿Tú sabes por qué se siente esa necesidad?

—Por el agobio de sentirnos limitados, ¿no?

—Efectivamente, todos deseamos infringir deliberadamente una norma para probar nuestra libertad, aun sabiendo que, como consecuencia de nuestra actitud, seremos castigados.

—Pero, ¿ese deseo es normal?

—Es normal en el niño que tiene unos padres preocupados exclusivamente en el deseo de doblegar su voluntad sin ningún tipo de razonamiento. La educación de la obediencia necesita de una capacidad de observación y una sensibilidad importante por parte de los padres, porque puede haber muchos factores que producen una actitud rebelde en los hijos. En un ambiente de orden y cariño los resultados suelen ser positivos. Aunque, cuando el niño se hace adolescente, vuelve a inclinarse por la actitud negativa del «NO» como una afirmación tajante de su voluntad de ser libre. El niño tiene derechos respecto a sus padres y si éstos son equilibrados reconocerán los errores ante sus hijos. Y si saben disculparse cuando han cometido un error injusto al dejarse llevar por un momento de problemas o de nervios, hallarán en los niños la comprensión y el perdón, porque no son tontos y en ellos actúa esa intuitiva sabiduría infantil que perdona los defectos.

* * *

Un día escuché esta conversación a mis hijos, y a una amiguita, cuando tenían siete y ocho años. Ana decía decía a Juan:

—¿Has perdonado a papá por la torta que te dio ayer?

—Sí, porque me pidió perdón.

—Es que papá está muy nervioso últimamente —dijo Ana. Con ellos jugaba una amiguita de nueve años llamada Carmen.

—Pues mi madre cuando me pega nunca me pide perdón.

—¿Y la perdonas?

—Ya no le hago caso, porque tan pronto me pega como me da besos.

— ¿Está loca?

—Muy bien de la cabeza no debe estar.

—¿Y todos los días te pega? —preguntó Ana.

—Depende de los días. Si está muy nerviosa... que se pone «histérica», pues me da algún tortazo y sigue limpiando.

—Tu madre es una aprovechona... ¿Y no se lo dices a tu padre? —dijo Juan.

—Me da igual, porque mi padre también me castiga. Algún día voy a escaparme de casa y no volverán a verme más —dijo Carmen emocionada. Mis hijos la miraban compasivos y se prestaron a ayudarla.

—La próxima vez que te peguen nos lo dices a nosotros y luego se lo contamos a nuestros padres para que hagan algo, ¿vale?

—¡Vale!

—Pues nuestros padres si pides perdón no nos pegan, pero cuando se les vuelve la mano tonta y ¡zas!, pues luego nos piden perdón muy trissstesss... y no tenemos más remedio que perdonarles, porque dice mamá que un día malo lo tiene cualquiera —dijo Ana, que era muy redicha.

* * *

—Ayudasteis a Carmen —dijo Miriam.

—No, porque dio la casualidad de que a la semana se marcharon de aquella casa. La verdad es que teníamos que haber denunciado a sus padres o como mínimo hablar con ellos del daño que estaban produciendo a la niña. Yo no sé qué habrá sido de aquella niña... pero... ¡pobrecita! Con unos padres tan inestables, le habrán creado todo tipo de problemas. ¡Qué pena! No me hartaré de repetir que a estas edades los niños aprenden lecciones muy profundas. Carmen, al ser maltratada de esa forma, aprendía lecciones tristes y una de ellas es que sus padres no tenían en cuenta su persona ni sus sentimientos.

—En esta niña la desobediencia está justificada.

—Por supuesto, ya que esta niña será una vida marcada para siempre. Su personalidad crecerá alterada. Como dice Daniel Goleman la vida familiar es la primera escuela de aprendizaje emocional; es el crisol doméstico en el que aprendemos a sentirnos a nosotros mismos y en donde aprendemos la forma en que los demás reaccionan ante nuestros sentimientos; ahí es también donde aprendemos a pensar en nuestros sentimientos, en nuestras posibilidades de respuesta y en la forma de interpretar y expresar nuestras esperanzas y nuestros temores. Este aprendizaje emocional no sólo opera a través de lo que los padres dicen y hacen directamente a sus hijos, sino que también se manifiesta en los modelos que les ofrecen para manejar sus propios sentimientos y en todo lo que ocurre entre marido y mujer. En este sentido, hay padres que son auténticos maestros, mientras que otros, por el contrario, son verdaderos desastres. Hay cientos de estudios que demuestran que la forma en que los padres tratan a sus hijos —ya sea la disciplina más estricta, la comprensión más empática, la indiferencia, la cordialidad...— tiene consecuencias muy profundas y duraderas sobre la vida emocional del niño, pero a pesar de ello, sólo hace muy poco tiempo que disponemos de pruebas experimentales incuestionables de que el hecho de tener padres emocionalmente inteligentes supone una enorme ventaja para el niño. Además de esto, la forma en que una pareja maneja sus propios sentimientos constituye una verdadera enseñanza, porque los niños son muy permeables y captan perfectamente hasta los más sutiles intercambios emocionales entre los miembros de la familia. Los padres emocionalmente maduros son los más competentes para ayudar a sus hijos a hacer frente a sus altibajos emocionales.

—La verdad es que cuando tenemos dominio sobre nuestras emociones y sabemos lo que significan andamos por el camino del orden. Porque no hay nada que perturbe más a un ser humano que la falta de conocimiento de su mundo interior y de la influencia que éste ejerce en los demás y sobre todo en los niños.

—¡Claro!, y todo esto es fundamental para desarrollar la virtud de la obediencia. Unos padres equilibrados emocionalmente tendrán autoridad ante sus hijos y éstos les obedecerán siempre.

—La autoridad equilibrada les dará seguridad... ¿y la falta de autoridad?

—Cuando unos padres no pueden controlar a sus hijos, es porque éstos se dan cuenta de sus debilidades. Los niños, como hemos dicho antes, tienen una sabiduría natural sorprendente. Ellos saben captar si sus progenitores son competentes; de lo contrario se vuelven caprichosos, inseguros... la ausencia de autoridad es perturbadora y angustiosa.

—¿Cuando el niño se vuelve caprichoso y desobediente es conveniente castigarle?

—El castigo suena muy fuerte, es mejor desarrollar imaginación y *tratar de ayudarle a través de condicionamientos de los que obtengamos unas consecuencias saludables.* Normalmente, muy pocos padres tienen paciencia e imaginación para conducirse por unas vías adecuadas de entendimiento. Lo normal es encontrar a padres que sienten su poder y utilizan su prepotencia para menospreciar y no respetar los sentimientos del niño. Éstos no se andan con chiquitas y critican y castigan.

—Pero no has respondido a mi pregunta. ¿Es conveniente castigar a los niños desobedientes?

—Me cuesta asimilar la palabra «castigo» cuando *los adultos deberíamos ser castigados por tantas imprudencias y abusos de autoridad.* Yo entiendo la desobediencia como una válvula de escape a una convivencia emocionalmente negativa. Los padres que quieren aprender a ser padres, antes de dar un azote u otro castigo, tienen que investigar, mínimamente, las causas de esa determinada forma de comportarse. Las válvulas de escape son el medio del que se vale el niño para liberarse de unos sentimientos negativos o de una cierta tensión. Carmen en el fondo odiaba a sus padres y en lo más profundo sentía desobedecerlos. ¿Qué derecho tienen estos ineficaces progenitores para castigar a su hija por algo de lo que es inocente?

—Esos casos son de una crueldad espeluznante... yo me refiero a la vida cotidiana, «algo más normal». Te pongo un ejemplo: Un día me fui con Luisito a comprarle unos juguetes. Pues estando en la tienda se monta en un caballo de plástico hecho a su medida y de allí no se quiere bajar. Le hablo de una forma y de otra, pero nada, no me hace caso. «Luisito, bájate que tengo prisa. Este juguete es de la tienda y no puedo comprártelo»,le digo a Luisito. La chica de la tienda intenta convencerle pero tampoco consigue nada. El niño no se quiere bajar del caballito. Quiero dominarme e intento por todos los medios convencerle pacíficamente, pero Luisito pasa de mí. En esto, un señor que estaba en la tienda se acerca al niño y le susurra al oído algo. Luisito se baja del caballo sin decir nada. Nos quedamos asombrados. Más tarde le pregunté al caballero qué le había dicho al oído y me contestó que lo siguiente: «¡Bájate del caballo si no quieres que te dé un par de azotes!» ¿Qué te parece?

—Horroroso, pero funciona. Las sanciones, los azotes, las intimidaciones, los miedos... entre otro tipos de castigos, atemorizan y hacen que el niño tenga conciencia de todas las prohibiciones «normales» de una vida en sociedad, y se abusa como lo más cómodo para convencer a los niños de lo que tienen que hacer.

—Pero un azote esporádico es bueno, ¿no?

—Este tipo de conductas va en contra de una educación positiva. Es mejor desarrollar cualidades que luchar contra los defectos. Es importante, y cuanto antes, que el niño sepa que la libertad de cada uno es limitada por la de los otros. ¿Una forma de ayudarle es castigarle por un capricho o una falta cometida? Este es el sistema que se ha utilizado siempre y es el más cómodo para aquellos que no entienden que una educación eficaz es la que favorece la cordialidad en nuestras relaciones con el niño, en tanto que la costumbre de regañarle o intimidarle por todo lo que hace mal tiende a enturbiar dichas relaciones, creando en el niño estados emocionales negativos de los que tarde o temprano nos tengamos que arrepentir. La buena educación pretende un máximo de libertad dentro de un marco de respeto hacia los derechos

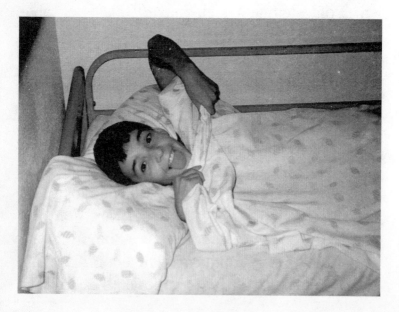

de los demás. Entonces, de lo que se trata es que los padres asimilemos que la educación es un trabajo creativo necesario para conseguir una armoniosa convivencia, a la vez que tenemos que considerar el desarrollo del niño, sus recursos, sus capacidades...¿Qué queremos que aprenda nuestro hijo? Cada padre, en función de su vocación y desarrollo, contestará de una forma o de otra. Muchos ni se molestarán en pensar por qué no tienen ningún interés y son los que cortan por lo sano normalmente con violencia. Pero si somos conscientes de la responsabilidad y las consecuencias de nuestra forma de actuar, *valdrá la pena dar una respuesta desde el amor que sentimos por nuestros hijos.* Porque es importante escoger el mejor método para la realización de unos objetivos nobles y equilibrados. ¿Qué piensas de esto, Miriam?

—Que tienes razón, aunque un azotito de cuando en cuando no viene mal y les ayuda a reaccionar.

—Bueno, yo no estoy de acuerdo, pero.... —después del razonamiento que había hecho, que Miriam me saltara con esas no me gustó. Me alteré un poco y ella se dio cuenta.

—No te enfades, que estoy de broma —me acarició la cara y me besó dulcemente. Ante aquel gesto, mi incipiente ira se degradó y quedóse en nada.

CAPÍTULO VIII

NUESTROS HIJOS APRENDEN AQUELLO QUE LOS PADRES LES ENSEÑAMOS

—Miriam, mira qué bonito es este texto. Se titula: *Carta de un hijo a todos los padres del mundo*.

«No me des todo lo que te pido. A veces te pido sólo para ver hasta cuánto puedo coger...

No me grites, Te respeto menos cuando lo haces, y me enseñas a mí también, y yo no quiero hacerlo.

No me des siempre órdenes. Si en vez de órdenes a veces me pidieras las cosas, yo lo haría más rápido y con más gusto...

Cumple las promesas, buenas o malas. Si me prometes un premio, dámelo...

No me compares con nadie, especialmente con mi hermano o hermana. Si tú me haces lucir mejor que a los demás, alguien va a sufrir, y si me haces lucir peor que a los demás, seré yo quien sufra...

No cambies de opinión tan a menudo sobre lo que debo hacer. Decide y mantén esa decisión. Déjame valerme por mí mismo. Si tú haces todo por mí, yo nunca podré aprender...

No digas mentiras de mí ni me pidas que las diga por ti, aunque sea para sacarte de un apuro. Me haces sentir mal y perder la fe en lo que dices. Cuando haga algo malo no me exijas que te diga por qué lo hice. A veces ni yo mismo lo sé...

Cuando estás equivocado en algo, admítelo y crecerá la opinión que yo tengo de ti y me enseñarás a admitir mis equivocaciones también...

Trátame con la misma cordialidad y amabilidad con que tratas a tus amigos; porque seamos familia, eso no quiere decir que no podamos ser amigos también...

No me digas que haga una cosa si tú no la haces. Yo aprenderé y seré siempre lo que tú hagas aunque no lo digas. Pero nunca haré lo que tú digas y no hagas...

Y quiéreme y dímelo. A mí me gusta oírtelo decir, aunque tú no creas necesario decírmelo.»

—¿Qué te parece, Miriam?
—Muy bonito.
—Todos los puntos de esta carta son objetivos a conseguir para educar y hacer felices a nuestros

hijos. Los padres debemos tener presente un punto de arranque que nos obligue a cumplir objetivos concretos, pues la postura que tome cada padre influirá decisivamente en la vida de los hijos. ¿Qué queremos que aprendan nuestros hijos?

—Con esta pregunta parece que limitas a unos cuantos aspectos lo que deben aprender nuestros hijos, cuando la verdad es que, en los tiempos que vivimos, aprenden de todo y en todas partes.

—Yo doy por sentado que nuestros hijos, como tú dices, aprenden en todas partes, pero los padres siempre tendremos mucho que enseñarles, y eso que queremos que aprendan serán objetivos a distinguir a corto y a largo plazo. No debemos olvidar que la familia nunca perderá su enorme función de crisol en el que los hijos aprenden a sentirse a sí mismos y donde los demás se dan cuenta de esas reacciones emocionales. En la familia es donde todos aprendemos a pensar en nuestros sentimientos, en nuestras posibilidades de respuesta y en la forma de interpretar y expresar nuestras esperanzas y nuestros temores.

—¿Qué quieres decir que tenemos que enseñar a corto o largo plazo?

—Por ejemplo, una educación inmediata o a corto plazo es aquella que enseñamos para que la ejecute en el presente. Suponte que quieres enseñar a Luisito a dejar su cartera siempre en el mismo sitio o a cerrar la puerta cuando llega a casa... Esta enseñanza tiene una inmediatez en el presente.

—¿Y a largo plazo?

—Es una forma de educar pensando en el futuro, o sea que aquello que le enseñamos lo llevará a la práctica en su edad adulta. Hemos estado hablando de la virtud de la obediencia; ésta se debe enseñar desde la infancia para que sea consistente incluso en el futuro, cuando sea adulto. Las virtudes que se enseñan en la infancia van a tener una repercusión para toda la vida; de ahí lo importante que es reflexionar sobre lo que queremos que aprenda nuestro hijo.

—Habrás reflexionado en el aspecto total de la educación, porque los niños son esponjas que observan lo que les enseñamos, pero captan con más fuerza nuestra forma de ser.

—Efectivamente, tengo en cuenta todo el universo familiar, por eso no dejo de insistir en que nuestra forma de conducirnos va a influir definitivamente en su comportamiento futuro. Por eso es necesario que los padres aprendamos a dominarnos y a conocer el interior de nuestros hijos. Porque, así, ellos se sentirán seguros, protegidos y nos respetarán como nosotros los respetamos. El impacto que ejercen los *padres buenos* sobre la vida de sus hijos es extraordinario: experimentan menos tensión y se muestran más afectivos. Canalizan mejor sus emociones, saben calmarse más adecuadamente a sí mismos y sufren menos altibajos emocionales que los demás. Son niños también biológicamente más relajados, ya que presentan en la sangre una tasa menor de hormonas relacionadas con el estrés.

Al educar a nuestros hijos a largo plazo estamos enseñándoles a aprender a adaptarse al mundo que les toque vivir cuando sean mayores. Si estos aspectos ya los están viviendo como una experiencia en el presente, la lección les está sirviendo también para su vida adulta. Los padres buenos enseñan a amar al prójimo y este conocimiento tiene muchas ventajas de tipo social, ya que estos niños son más populares, son más queridos por sus compañeros y sus maestros suelen considerarles socialmente más dotados. ¿Como

será el mundo de su edad adulta? Sea como sea, si nuestros hijos han sido educados desde la infancia en el amor y el respeto, serán hombres y mujeres humanamente íntegros. Si ahora, durante la infancia, se prepara a los hijos para que amolden sus comportamientos, se les prepara ya para adaptarse a todo tipo de situaciones que puedan encontrarse en el futuro. Las lecciones de fortaleza interior son lecciones emocionales de habilidades que comienzan en la cuna. Las dosis de aliento y aprobación son estímulos que generan una personalidad fuerte para superar los retos que les presenta la vida. La íntima sensación que infunde la seguridad, hace que no existan los fantasmas que proceden de los hogares demasiado fríos, caóticos o descuidados en los que se anuncia ya una expectativa de fracaso.

—Esa seguridad es muy difícil para aquellos padres emocionalmente inestables. Y yo te pregunto, ¿qué padres hoy día reúnen esas características de equilibrio?

—Mira, Miriam, todos los seres humanos somos imperfectos; yo no parto de una base de madurez y estabilidad total, porque ese estado de perfección no existe. Pero, te repito, creo que es necesario que sepamos las repercusiones que van a tener nuestros actos. Una madre deprimida, si sabe las consecuencias que van a tener sus estados de ánimo y ama a su hijo, intentará por todos los medios superarse para afectar lo menos posible a su hijo. Es importante tener conciencia de las consecuencias que pueden provocar la ignorancia y la falta de conocimientos de los sentimientos de nuestros hijos y la trivialidad de aproximación: menospreciando y no respetando; criticando y castigando... Ahora me viene a la mente un hecho que me ocurrió con mi padre, que nunca podré olvidar, y fue una lección de empatía emocional que me infundió seguridad para el resto de mis días. Mi padre, por aquellos años, no se encontraba muy bien, pues la lucha por sacar a su familia adelante era muy frustrante. Se metía en uno y otro negocio y no ganaba lo suficiente. Casi siempre estaba apesadumbrado. Tenía yo doce años y en aquellas fechas todo se enfocaba a través de la iglesia. Mi padre consiguió que pudiera examinarme para ingresar en el seminario, que era una de las únicas vías que había para poder estudiar. Yo no era muy listo o no me enseñaron bien. No sé, el caso es que suspendí el examen. Aquello fue para mí horroroso. Lloraba con una tristeza enorme, como si se me hubiera derrumbado el mundo. Cuando llegué a mi casa pensaba que mi padre se enfadaría conmigo. Pero tuvo una reacción inesperada. Al verme tan desconsolado me abrazó y le salieron unas palabras de aliento que nunca podré olvidar. Parece que estoy viendo su rostro lleno de bondad y su sonrisa que desdramatizaba aquellos momentos de angustia: «¡Pero, hombre, Alberto, que no es para ponerse así! Tú no te preocupes, que esto le sucede a cualquiera. Además, yo no te veo de cura, ¿eh?» Entendió mi sufrimiento y fue una oportunidad para enseñarme una lección inolvidable. Mi padre se tomaba muy en serio mis sentimientos. Sintonizaba conmigo para tratar de comprender lo que me había disgustado tanto y me ayudó a apaciguarme. Mi padre entendía de sufrimientos, porque su vida había sido un auténtico calvario desde su infancia. Él era un hombre inestable, pero amaba profundamente a sus hijos. Aquello me infundió seguridad. La íntima seguridad que me inspiró mi padre hizo de mí, en los días sucesivos, un niño alegre y feliz. Sus consejos penetraron en mi ce-

rebro infantil y en todo mi corazón con un espíritu de fortaleza enorme.

—Pero, ¿es buena tanta dependencia?

—Perdona, no te entiendo.

—Sí. Te digo que... tu seguridad era totalmente dependiente.

—Toda la seguridad que nos dan nuestros padres durante la etapa infantil es una seguridad dependiente, la cual es buena durante la infancia y es lo que hace que el individuo avance hacia la seguridad interdependiente, en la que se capacitará la persona para resolver sus necesidades, en parte por sus propios medios, en vez de hacerla absolutamente dependiente de los demás.

—¿Qué actitudes deben desarrollar nuestros hijos para adquirir seguridad interdependiente?

—A nuestro hijos debemos enseñarles que la vida está llena de posibilidades. Cuando un niño comprende, se interesa y desarrolla esa variedad de posibilidades, favorece su seguridad; en cambio, aquellos niños que no poseen esa información y son criticados y maltratados, al más mínimo inconveniente, se hacen vulnerables. En estos niños ya desde muy pequeños se sembró la semilla del fracaso.

—¡Qué pena! Ciertamente tienes razón cuando dices que debemos tomarnos la educación de nuestros hijos con mucha seriedad y responsabilidad.

—¡Claro! No estoy diciendo cosas del otro mundo. Los actos humanos, todos, como hemos visto, tienen repercusiones positivas o negativas. Si sabemos educar a nuestros hijos desarrollando sus capacidades fomentaremos la confianza en sí mismos. Para sentirse seguro de una forma interdependiente, el niño debe contar con la sensación de su propio valer y también aceptar sus ineptitudes. Para esto precisa contar con recursos internos que le permitan conocerse a sí mismo. Un niño que es consciente de la satisfacción de aquellas actividades que le llenan, y también sabe la causa de lo que le produce malestar, es un niño que empieza a controlar su propia vida, estará construyendo su propia interdependencia

—Pero adquirir esta conciencia es muy difícil en la infancia.

—Es como enseñarle otras cuestiones. ¿No le enseñamos a leer y a escribir? ¿No aprenden matemáticas? Pues todo lo demás puede aprenderlo también, y más si se trata de aprender a identificarse a sí mismo. Sólo es necesario que los padres sean conscientes de que los hijos ya en su más tierna infancia deben conocer sus características personales. Esto es lo que hablamos al principio, y es que no me hartaré de repetir la importancia que tiene esta forma de educar. En el aspecto emocional es necesario empezar a alfabetizarlos enseñándoles a conocer sus emociones. Cuando son presos de la ira o del miedo, esos son los momentos para enseñarles lo que contiene su interior. Además de todas las potencialidades que el niño posee (la memoria, la inteligencia... todos sus sentidos...), no podemos olvidar que la vida le presentará muchas exigencias, tareas que será necesario realizar para la propia supervivencia y múltiples quehaceres que necesitan del desarrollo de actitudes de aceptación y responsabilidad. Todo un mundo que debe dominar desde sí mismo con una razonable eficacia, si no quiere soportar las terribles lamentaciones de personas contrariadas por su falta de dominio y responsabilidad interdependiente.

—¡La vida es dura! ¿Eh...?, y ya desde la infancia tienen que saberlo, ¿verdad?

—Ya desde la infancia tenemos que ayudarles a desarrollar sus propias actitudes y capacidades, para que comprendan las exigencias que van a tener, en las diversas opciones de estilo de vida que escojan. Porque lo normal es que entiendan que vivir en sociedad exige unos quehaceres, unas obligaciones que tienen que asumir para su propio equilibrio y el de las personas que les rodean. Desde luego es absurdo y contraproducente inducirles temor. Con normalidad muchos padres cometen el error de atemorizar a sus hijos hablándoles del futuro y lo difícil que es la vida. La educación debe ser divertida, lúdica y comprensiva en toda su dimensión, porque el futuro es una incógnita y puede deparar cualquier sorpresa. Un niño atemorizado será una víctima en el futuro y la fiereza de sus semejantes caerá sobre él si no demuestra un valor mínimo para afrontar la vida con algo de éxito. Esto es así, y lo podemos comprobar mirando a nuestro alrededor y a toda la gente sumida en el infortunio. Ellos son los despreciados por las desgraciadas circunstancias personales, tan diversas en su conjunto, y en la mayoría de los casos víctimas de la ignorancia de unos padres y una sociedad que no se interesó por ellos. En cambio, un niño con conocimiento de sí mismo y estabilidad emocional será un valeroso guerrero del futuro, dispuesto a luchar para salir adelante con uñas y dientes. Esa es la gran diferencia entre *ser interdependiente* o ser un inseguro, dependiente y atemorizado humano. El valor es una virtud que debemos inculcar en la mente de los niños, porque es la fuerza y el poder con el que podrán conquistar el día a día del presente cierto.

—¿Y si no quiere vivir en esta complicada sociedad?

—Siempre tendrá presente que su vida y la de los demás: sus padres, sus hermanos, su pareja, sus hijos... van a depender en gran parte de él. A menos que quiera vivir totalmente en soledad, y eso creo que es un extremo que sólo nos podemos permitir, algunos, una temporada al año.

—¿Y si se hace cura, monje budista, yogui...?

—En las diversas circunstancias en las que se encuentre, siempre estará rodeado de seres humanos; sólo por este motivo debe desarrollar una actitud de amor y respeto hacia los demás, y en esas potencialidades sentirá el equilibrio personal, que es en definitiva por aquello que luchamos todos los seres humanos. Esta forma de ser aumentará la probabilidad de establecer nuevos contactos. Su actitud general será flexible porque estará basada en dar y recibir. Aprenden y a la vez enseñan. Esta dinámica es la que hay que fomentar continuamente desde la infancia. La relación con los demás es fundamental que la asimilen desde niños y para toda la vida, porque su habilidad de trato va a marcar gran parte de su equilibrio personal. Los niños tienen que saber que de su habilidad al expresar y controlar sus sentimientos, siempre van a obtener respuestas, y éstas serán beneficiosas si saben lo importante que es desarrollar las emociones nobles y controlar todos aquellos aspectos que perturban y desequilibran la vida.

—Insisto en que es muy difícil que los padres, en general, lo entiendan.

—Difícil, pero no imposible.

—Imposible desde luego que no.

—Creo que lo importante es entender que nuestros hijos esperan nuestras bendiciones más que las críticas y los azotes. Para terminar esta lección...

—¿Lección? —Miriam mostró su extrañeza la verdad es que no paraba de hablar, pero era tan necesario transmitirle mi experiencia, que me pasé bastante, lo reconozco, al no darle oportunidad de hablar. Pero ella seguía mis razonamientos y me estimulaba a ser como su consejero y rectifiqué.

—Bueno más que lección, vamos a llamarlo *mensajes de esperanza para un futuro mejor.*

—Bueno, si tú lo ves así, yo no digo nada, porque la verdad es que me llena todo lo que dices —de nuevo, Miriam se mostraba afectuosa y yo sentía por dentro un revolotear de amor por ella difícil de finjir. Me sentía a gusto y muy feliz, sobre todo por la comunicación afectiva e inteligente. No hablaba al vacío, sino a un alma que vibraba continuamente con mis palabras.

—Quiero enseñarte algunos pensamientos sabios que sólo podemos saber abriendo la mente un poco a la inmensidad de la vida. Para que sepamos ver que la vida está basada en un orden perfecto cuando existe el *principio de la armonía del amor.* Cuando aprendemos de la naturaleza la lección del acto en el que *todo se desarrolla en equilibrio y con el mínimo esfuerzo.* La hierba no se esfuerza por crecer; simplemente, crece. Los peces no se esfuerzan por nadar; simplemente, nadan. Las flores no se esfuerzan por abrirse; simplemente se abren. Las aves no se esfuerzan por volar; simplemente vuelan. Es su naturaleza intrínseca. Pero los seres humanos todavía no hemos encontrado esta fórmula de nuestro desarrollo dentro de ese orden de la ley del mínimo esfuerzo. ¿Y sabes por qué? Porque los padres y la educación en los colegios se han olvidado de regar los cerebros con amor y emplean la indiferencia y el odio, que crean barreras infranqueables. Atrofian las mentes ya desde el vientre de la madre. ¡Cuántas madres odian a sus hijos porque no tienen deseos de tenerlos! Y estas criaturas, naciendo con potencialidades enormes, empiezan a ser destruidas al tomar conciencia del primer enemigo: su propia madre. Y después, los colegios y la sociedad entera son enemigos de los seres humanos cuando no cuidan con esmero a esos tiernos brotes que nacen indefensos, y como una semilla, llenos de información para ser diferentes y aportar al equilibrio del mundo su huella inequívoca de evolución y equilibrio... La tierra no se esfuerza por girar sobre su eje; es propio de la naturaleza de la tierra girar con una velocidad vertiginosa y rotar por el espacio. *Es propio de la naturaleza de los niños ser dichosos.* Es propio de la naturaleza del sol brillar. Es propio de la naturaleza de las estrellas relucir y parpadear... La inteligencia de la naturaleza funciona sin esfuerzo y nosotros los humanos, cuando nuestros actos están motivados por la energía del amor, ponemos en marcha un potencial enorme de posibilidades en cohesión con la naturaleza y el mínimo esfuerzo. Cuando nuestros actos están motivados por el amor, nuestra energía se multiplica y se acumula. En cambio si estamos centrados en nuestros egos, cuando buscamos controlar a nuestros hijos y a los demás, o buscamos el protagonismo y recibir la aprobación, estamos despilfarrando energía. Porque la mayor parte de nuestras energías la dedicamos a defender nuestra importancia. La mayor parte de nuestra vida la perdemos con nosotros mismos, nuestros egoísmos y nuestras frustraciones. Todas las energías las gastamos por dentro en el caos y la complejidad mental y nos presentamos secos a los demás. Nos sentimos deshumanizados por esa lucha interminable de nuestra fantasía que nos desconcentra, produce desinterés, pereza... Cuando no sentimos amor por nadie ni por nuestros hijos, es que liquidamos, sin darnos cuenta, ese enorme manantial con el que somos más humanos, donde las virtudes tienen sentido porque son las verdaderas grandezas de la energía que mueve todo el universo. Cuando nos sentimos frustrados o alterados por nuestros hijos o por otra persona, no estamos reaccionando bien, porque son nuestros sentimientos hacia nuestros hijos y hacia las personas, los que nos hacen reaccionar. Nuestros sentimientos no son culpa de nuestros hijos ni de los demás, somos nosotros los verdaderos culpables de esas reacciones. Cuando reconocemos esto, estamos haciéndonos responsables para cambiar estos sentimientos. ¿Qué significa responsabilidad? Significa no echar la culpa de nuestra situación a nada ni a nadie, ni siquiera a nosotros mismos. La responsabilidad equivale a tener una respuesta creativa. Porque todos los problemas contienen las semillas de la oportunidad, y el hecho de ser conscientes de ello nos permite tomar el momento y transformarlo en una situación mejor o en una cosa mejor. Cuando comprendamos esto y lo pongamos en práctica, todas las situaciones preocupantes se convertirán en una oportunidad para la creación de algo nuevo y hermoso, y todo verdugo o tirano se convertirá en su maestro. La realidad es una interpretación, y cuando sepamos interpretarla, nos daremos cuenta de que a nuestro alrededor tenemos muchos maestros y que nuestros hijos son los más sabios y nos darán la oportunidad de evolucionar. Ante nuestros hijos, renunciemos a convencerlos desde nuestro punto de vista, no permitiendo que surja la discusión. En la resistencia y la lucha, perdemos toda nuestra energía creativa y dejamos de vivir el don del presente. Si abrazamos el presente con toda nuestra familia, nos volvemos uno en el *amor*, y nace la alegría y la liberación de las terribles cargas y obtáculos de la actitud defensiva, del resentimiento... Sólo entonces nos volvemos ligeros de corazón, despreocupados, alegres y libres. En la libertad alegre y sencilla sabremos lo que deseamos, porque procede del nivel de la felicidad y no de la angustia de vivir o del miedo. Así nuestros hijos verán en nosotros que somos sus amigos y seremos bendiciones para su vida. De esta actitud, crecerán sanos y robustos para afrontar su vida desde el valor supremo que les da nuestro amor. Con el tiempo nuestros mejores deseos se harán realidad en ellos.

—Es muy difícil entender esto. Los padres de ahora están en otra onda.

—¿Difícil para quién? ¿Para todos los padres, o sólo para aquellos que tienen la mollera rellena de normativa y desamor? Los padres que desean evolucionar entienden este mensaje. ¿Tú lo entiendes?

—Sí, cariño. Ven —Miriam me agarró las manos y tiró suavemente de mí. Ya no me sorprendía en absoluto aquella actitud suya y me dejé llevar como una pluma mecida por el viento. El poder de su afecto me envolvió de nuevo en arrullos y besos. Eran las doce de la noche y no pude decir nada. Nuestro amor se manifestaba con toda su potencia. Nuestros cuerpos se abrazaban y fundían en uno solo. No dijimos nada. Sólo el amor lo expresaba todo en aquella nueva luna de miel.